教育
在之间

優教育 编

上海教育出版社
SHANGHAI EDUCATIONAL
PUBLISHING HOUSE

在之间，寻求更高的人生（代序）

景凯旋

现代性扩张之下，人类将走向何方？

当前，我们处在一个现代性的时代。现代、现代性、现代文化都是人主观赋予的一种时间概念，也是一种历史概念——因为是人在创造历史或者说在创造时间。多数政治家、经济学家的理论都是在追求一种现代性。工业化、科学化、世俗化等构成了现代性的要素。

从文艺复兴到启蒙运动，再到19世纪科学的大发展以及20世纪生产技术的进步，一直到今天，科学技术已成为一种主导的文明，然而人类的精神文明似乎没有什么发展。造成这一悖论的原因在于，科学理性不能解决人的意义问题。所以从现代性开始以来，19世纪的托尔斯泰，20世纪的存在主义和后现代主义的哲学家、文学家们都在批判现代性。

现代性有一个十分重要的基点，即它是基于"人类中心论"的，同时现代性也建立在不可逆的线性时间的基础上。在当前的全球背景下，相信世界范围内的思想家们，包括我们每个普通人都会思考：人类中心论能否站得住脚？人真的是世界的主宰吗？在现代性扩张的情境下，人类未来会走向何方？我们应当如何守护世界的文明？

经济理性以"经济人"假设为前提，于是在技术文明下造就了马尔库塞意义上的"单向度的人"。当前我们也面临着现代性造成的一种"空心化"，即人的内心失去了"人的价值和意义"的思考。韦伯说："人是悬在由他自己所编织的意义之网中的动物。"法国罗马尼亚裔哲学家齐奥朗也说："生命的全部奥秘在于：它本身没有任何意义，但我们每一个人都在觅求某种意义。"除了应对"空心化"的危机，我们还需要警惕"同质化"的挑战。

"在之间"蕴含着"存在"与"不存在"

早在前苏格拉底时代，巴门尼德就提出了"我们最终能够知道那并不存在之物吗"的问题。既然有"存在"，那自然就有"不存在"，西方的哲学思维由此开始出现。中国当然也有，道教的"无"与佛教的"空"，实际上于我们的感官世界而言都是"不存在之物"。古希腊的悲剧作家欧里庇得斯有这样一句话："也许生意味着死，而死意味着生。"这句话就很好地体现了西方哲学思维。

今天，生活在科学时代的我们注定不可能有这样的思考。倘若我们只是一个物理生命，变成动物，那么注定没有意义可言。因为动物是没有"世界"的，而人是有"世界"的。人之为人的价值就在于人要追求活着的意义。这也是人类区别于其他动物之所在。

柏拉图在《理想国》第五卷中划分了两种状态，"存在"

与"不存在"是一个基本的分野，而介于两者之间的"部分的存在"叫"在之间"，也有翻译家译为"中间物"。我想这个译者大概读过鲁迅的书，因为鲁迅先生在一本书的序言里就用了"中间物"这个词，他讲的是个体生命，他说我们每个人都是众多生命链条里的"中间物"。而柏拉图的"在之间"或"中间物"的希腊词语是"metaxu"。"完全的存在"和"完全的不存在"之间是"部分的存在"。依据柏拉图的意思，这个"部分的存在"或者"在之间"就是人生，而部分存在所得到的知识叫"意见"——人类发表的所有言论，在柏拉图看来都是"意见"，是在"洞穴"中看到的东西。柏拉图时代相当于中国的孔子时代，雅斯贝尔斯把这个时代称为人类文明的"轴心时代"。这一时期奠定了人类文明的基石，提出了人类基本的价值观，这些基本的价值观历经千百年的发展而经久不衰。科学的发展、人类制度文明以及物质文明的发展都大大地改变了世界历史的进程，但最核心的价值观是恒久不变的。

时至今日，我们仍然不得不佩服庄子和老子的智慧，也不得不佩服孔子的伟大。正是他们，使得我们中华民族千年来生生不息、源远流长，相同的认知以及对价值观的共识是我们能够绵延生存下来的重要精神支柱。

"完全的存在"是理念世界（真正的世界），是人类所无法达到的客观真理，没有时空限制。我们向它进发，但可能永远都达不到。"部分的存在"是我们的日常世界，这是可以被感知的。也就是说，我们对世界的认识都只是"意见"，而不是"真理"。但是，按照苏格拉底的话来说，哲学家又总是不懈地追求真正的实在，他们是"那些喜欢沉思真理的人"。

"在之间"就是指我们的日常世界，它同时蕴含着"完全的存在"与"完全的不存在"。我们从生下来就开始走向我们的终结，而生命的这段时间就是"在之间"。"完全的存在"给我们指引方向，"完全的不存在"让我们思考活着的意义。尽管对物理生命而言，我们的前面是看不到的无尽的黑暗，身后同样是无尽的黑暗。但人是形而上的动物，人之所以为人恰恰是因为他能超越自己的日常存在。相信"意义也是一种事实"，才有可能抵制现代人的虚无主义。

"此在"与"去存在"

在宗教去魅、诸神退隐之后，人类面临着新的挑战：人"活着"有什么意义？康德的知识论偏重探讨人能不能认识这个世界，而海德格尔在《存在与时间》中指出，哲学家们从来没有弄清柏拉图关于"存在着"的意思，即"存在者"与"存在"的区别，从而导致"存在"的遗忘。

海德格尔指出，"存在"是一个没有办法定义的东西，"世界"也是一个无法定义的东西。你可以说自己今天住在宾馆，或者行走在小路上，但无法说自己行走在世界上或住在世界上。世界对人来说实际上是被遮蔽的，"存在"也是被遮蔽的。海德格尔启示我们，读书思考就是"去蔽"。唯有如此，这个"世界"才能"呈现"出来。普通人一生所追求的可能仅仅是活着，而一个思想深刻、对生活的本质有着深切认知的人，表面上和普通人似乎一样，但内心却有对生命意义的思索。因此，作为一个教育者，我们是幸运的，能够将自己对人类文明的理解传递给下一代，而不是让自己的一生被物质世界所淹没。

海德格尔创造了"此在"一词，这个"此在"可以简单地理解为在场的"自我""主体"。同时，他的这个"此在"里还有一个时间性的概念，即"世界"。人类是通过世界的存在而存在的，"此在"的本质就是存在于世界之中，或"去存在"。

"日常此在"给我们带来了诸多烦扰，如房贷、就业、儿女教育。但除了"日常此在"，海德格尔认为还有一个"本真此在"。比如我们读书、思考甚至写作有两种目的：一种是"技术性"的，即为了谋生；还有一种是"本质性"的，即超越日常生活的"此在"而达到的"本真此在"。套用笛卡尔的话来说就是"我思故我在"。后来萨特提出的"存在先于本质"也源于此。

按照海德格尔的观点，我们是偶然来到这个世界的，是"被抛"的存在，这个存在就是常人的存在。但这不是一个整全的存在，不是柏拉图意义上的"完全存在"。

"此在"是时间性的，海德格尔说的"先行于自身""先行到死"或"向死而在"，都是同一个意思，即人类会想到在未来的某一个点上生命会终结，这就产生了"活着到底有没有意义"的问题，当然也有人一辈子也不会想这个问题。而既然"向死而在"，人也就可能倒过来思考，从终点往回想生命的意义，于是就有了对自己人生的选择。唐代诗人李白就是一个"先行到死"的典型，他老是想着人生很短暂，但他的解决方法或者说他的人生选择是"会须一饮三百杯"。

实际上，海德格尔想要回答的是：人的本质是什么？人的本质就是存在的本质。他提出人存在于大地上，要能诗意地栖居，世界才会对人敞开——因为宗教去魅了，生命的意义就只能是创造性的人生，这个是可以选择的。中国古人所说的"立德、立功、立言"，也是属于这类在世俗化的条件下如何获得生命意义的理性化思路。

海德格尔还讲到一个词——"当前化"，就是人失去自我的沉沦状态。他引用荷尔德林的一首诗："人充满劳绩，但还诗意地安居于大地之上。"首先，人的一生充满劳累，成天为诸多事情而烦恼，陷入"当前化"中，这是我们很难逃避的存在。但我们生活的具体的"大地"和抽象的"世界"又是对立的，人要看到这个"世界"，让这个"世界"打开，敞开"澄明之境"，就需要"诗意地栖居"，也就是有意义地活在这个世界上。宗教去魅后，现代哲学解决了这样一个问题，即告诉你应当去选择人生——不是将你引向宗教世界，而是启发你思考，不断地追问，不断地跋涉。所以加缪说："要紧的不是生活得最好，而是生活得最多。"人一生追求很多东西，到晚年回头一看，其实什么都没有。当人回顾一生时应该有一个自己的故事，故事就是存在，就是一个人的世界。但现实是好多人都没有故事，因为他重复着每一天，过着同质化的人生。

人是能够询问存在的存在者，因为人具有思考和语言的能力，于是成了存在的守护者。语言是存在的家，人通过语言进入世界，因此语言对教育者来说太重要了，我们的思想都是靠语言组成的，脱离语言，思维是无法形成的。只有通过语言，人才能进入世界。"存在"意味着大家都有一样的生命，却有不同的人生。

海德格尔提出到世界中"去存在"。套用《安娜·卡列尼娜》开头那段话，我认为："'幸福者'都是相似的，'不幸者'各有各的'不幸'。"这里的"幸福"是指常人的物质生活，"不幸"是指各种丰富的故事。我们发现，似乎古今中外的文学全都在写挫折，这不是消极，而是人生，因为他有故事，作家写出来实际上就是在超越自我的生命。我们每个人不一定都能成为诗人、作家或哲学家，但作为教育者，我们可以多阅读经典作品，多思考形而上的问题，从而淡然地面对人生中难以把控的挫折。同时，我们应当追求更重要的事物，比如把学生培养成一个善良的、正直的人，就是一个教育者的人生意义之所在。

超越"日常此在"

阿伦特是海德格尔的学生，她说人的境况可以分成劳动、工作和行动三种。

"劳动"是维持生命所必需的活动，它不具有公共性，如早期的采猎、打鱼等，是一种动物式的人生。到了一定阶段，人类打磨出石器，甚至炼制出铁器，这已经是第二层了，但此时的人类仍然只关心生存，还是像动物一样，仅有循环性的劳动。这对于动物来说是其存在的本质，对人却变成了一种无意义的负担。所以，马克思才会一边说劳动创造了世界，一边又说人类应该从劳动中解放出来。

"工作"的特点是有用性和技艺性，它具有公共性，但没有意义。由于科学的发展，现代人对技艺的尊重上升为首位，价值变成次要的东西，生产和消费成为最高的幸福，而忘记了生命本身才是衡量一切的最高标准。只有使用者自身成为目的，效用性才能获得意义。但这就不再是工作，而是行动了。换言之，劳动与工作都是"日常此在"，没有更高的存在意义。

最后是"行动"。行动包括思考与言行，它揭示了人的独特的差异性，产生故事、形成历史、构成意义，从中生发和照亮人类存在的源泉。通过言行，人使自己与他人区别开来。它是人之为人相互显现的方式，它不是劳动的必然性强加，也不是工作的有用性驱使，它表明了你是谁。

因此，只有将工作变成行动，我们的生活才会变得有意义，才会真正实现自我。我们会完全忘记自己的祖先，也完全会被后面几代人所遗忘。但有谁能忘掉孔子、老子呢？这是因为他们产生了故事，形成了历史，照亮了人类存在。说到底，人应当超越"日常此在"，超越"当前化"，这就是柏拉图"在之间"的含义。

波兰诗人扎加耶夫斯基是这样解释"在之间"的，他说，我们不可能永远存在于超验之所，我们甚至不可能完全懂得它的意义，但正是它正确地敦促我们朝向美好，朝向更高的事物。没有人会永远定居在阿尔卑斯山顶，在终年不化的积雪上修建房屋，我们必将每天回到山下，回归平凡。经历了对事物真谛的顿悟，写下了一首诗歌之后，我们会去厨房，决定晚饭吃什么。我们将不断穿梭于灵感的柏拉图与明智的亚里士多德之间，因为永远待在高处会变得疯狂，而永远待在低处又会变得厌倦。

我们在这里读书思考，在这里聚会讨论，然后又回到日常生活，如此周而复始，这就是"在之间"的存在，也是"在之间·優教育文化空间"的意义所在。

目　录

下编 | 躬耕·知行

教育的转向

为人生而审美

上编

寻根·存在

人文学的价值

我们头顶的星空——人文学的价值

程平源

今天这个世界对中国人来说是一个经济世界，或者是一个消费的世界；但对哲学家来说是一个诸神逃逸的世界，是一个永恒价值不见的世界，每个人都在忙忙碌碌之中，不知道要往哪里去。

我曾经在山上住过很多年，20世纪90年代初吴稼祥去山上看我的时候，我们达成了一个共识：只有爱和创造才能拯救我们！知识会慢慢淡去，唯有爱永不止息，唯有信、望、爱才是最重要的。

而爱又是一个永恒的人文学主题。

人文学与成人

今天我讲的第一个题目是人文学的传统：让人成为人。

古希腊哲学家第欧根尼白天打着灯笼在找人，人在哪里？我记得我刚参加工作的时候，单位的人为五块钱奖金争吵，今天仍然是这样。在一个为利益追逐的世界，人的意义，某种神性的东西丧失了。

那何为人文学呢？首先，人文学不是一门传统意义上的学科，而是一个学科群。明确这一点至关重要，因为现在的学科划分得越来越细，这使得人们在接受知识时益发受制于各自门户的局限，见木而不见林。而包含了诸多学科的人文学恰恰可以抵御各种学科的"画地自限"，达到一种更高意义上的综合。

其次，人文学包含的学科有文学、历史、哲学、修辞、艺术、美术、音乐、戏剧、电影等。而所有的知识又要落实于判断和行动，因此"爱"和"自由"之于人文学非常重要。

最后，人文学的传统是使人成为人，就是说，人不是必然可以成为一个人的。教育是为了做人，不是反过来：一切学习都是为了考试，然后混口饭吃。人如果没有成为一个人，那就是半个人，是二手人，是社会化的动物。所以布罗茨基在发表诺贝尔文学奖受奖演说时说，如果艺术能教授些什么，那便是人之存在的个性。它会在人身上激起他的独特性、单一性、独处性等感觉，使他由一个社会化的动物转变成为一个个体。

但是，今天大学中的人文学有没有使人成为人呢？没有，今天大学的人文课仅仅是一门选修课，讲一讲这个知识、那个知识，好像心灵鸡汤一样。这不是我们所讲的人文学，人文学必须激活人存在的价值，比如一个学哲学的人，如果没有生命的问题，怎么可能是一个哲学家呢？学社会学的，如果没有这种生命意义上的问题和关怀，怎么可能成为一个社会学家呢？想想马克斯·韦伯等，你就明白了。

真正的人文学不是体制化的，好像我教你什么知识你就学会了——这个是名词。它应该是一个动词，必须要激活一个人成为人，必须使你的生命被焕发出来。

我们讲人文学，强调个体要返回自身，所以要学会思考，学会思考实际上是反对恶。在汉娜·阿伦特说的"平庸之恶"中，艾希曼坏吗？艾希曼挺好的，是一个很好的丈夫，很好的职员。在纪录片《普通的法西斯》中就是很多这样平常的职员、平常的农民、平常的工人，他们突然拿起枪来，说领袖命令我们，然后向无辜的人投炸弹。昆德拉说，现代的傻不是无知，而是对既成思想的不思考。

反对现代的惯性化生存，反对被现代技术和消费主义异化的道路，学习爱、盼望、相信、敬畏、自由、感恩、谦卑就是释放使人成为人的一切属性。像我们的学员毕业了，路过南京的时候，买一点东西回来看看大家，给我们的感觉非常好，他们经历了友谊和共同体的爱。我们吃得非常简朴，但是气氛比奢华的酒宴要好得多，这就是爱，这就是感恩，这就是自由。

人文学与生命

接下来讲讲人文学与生命的意义。

什么是人文学呢？人文学是可以让人上瘾的，无论是歌曲、诗歌、音乐、舞蹈、语言、观念，它要进入我们的生命中，使我们活着有一种状态。人与人交往，状态很重要。

我不是每次都有很好的状态，有时候我也很烦躁，但是我会提醒自己，这是不对的。做事不能为着一种功利的目标去做，特别是不能只为了经济利益的目标去做，尤其是做教育的，必须在教育的感觉中去做。人文学为我们提供了可以激发想象的故事，可以激发心智的观念。

人文学还可以让我们看到自己的所思所想，看到自己内在的这个人，看到一种创造性的冲动。

总之，人文学很重要，它能够激发我们的想象力，能够让我们认识自己，让我们活得像个人。

人文学与人性的成长

最后讲人文学与人性的成长。

人性的成长是什么呢？每天下午，我一个人喝咖啡、思考、阅读，傍晚的时候看着夕阳落下，整个人也慢下来。我记得纪彪讲得非常好，他说他到了伊顿学园以后变懒了，学慢了，这很令人羡慕。今天的人都忙，"忙"字怎么写？心亡嘛。

所以人性成长的第一点是审美的喜悦。

我们常说某个人漂亮，漂亮跟美是两码事。漂亮是非常外在的东西，而美是要发现的，没有人文的训练发现不了。如叶芝吟唱的，当你老了，美会留下。

人文学中，戏剧不是为了培养戏剧人才。当我们在夏令营中开展戏剧的时候，那些孩子就变得温情起来。这是张伯苓一百多年前把话剧引入中国教育中的一个最重要的原因，那些有暴力倾向、情绪烦躁、内心自卑的孩子，在戏剧教育后，会莫名其妙地变得很温顺、很沉静、自信庄重。

当我们与一首诗歌、一本书、一幅画、一段舞蹈或者是一件音乐作品相互交融时，它们的作者会成为我们生命的一部分。我们变成了我们看到、读到或者是听到的东西的一部分，那个作品接管了我们的意识。如此一来，我们就和它成为一个不可分割的统一体。

理查德·加纳罗在《艺术：让人成为人 人文学通识》中论到审美喜悦时这样写道："因为享受歌唱而唱歌，走在街上感到心意满足时哼吹的口哨，在记事本上的给路人的速写、信手涂鸦，在舞蹈中的陶醉，在感情中抒发诗意，讲故事，在钢琴上作曲，与友人在午后阳光下心灵的交契，整个人忘我在无我之境，等等。"这一切都让人陶醉，我自己常常在这样的陶醉中。我跟我的学生们思想相契也是如此，我从来不给学生压力，一切都等他们自发，吸引他们学习。

电影《火树银花》里有一个人，在纽约找了一份工作，能挣很多的钱。这个机会很好，但是一找到工作，家人就要分开了，一分开大家就感到很悲伤。他们觉得这个选择不好，然后全家人又坐在一起，体会到一种相聚的快乐，虽然贫穷，但很开心，这就是《火树银花》讲的故事。这是这个世界关于家庭的一个核心价值观。

人性成长之二是审慎地思考。

思考可以让我们保持清醒。当我们有了人文学以后，当我们不断地和各个历史时期的大家进行对话的时候，我们的心智就被打开了，成为一个明智的人。

如果我们读一本哲学书，比如柏拉图的《理想国》，那我们就要思考一些问题。哲学是什么？哲学就是分析，你不能分析问题，你就没有思考力。像对正义的思考，对某件事情该不该做的思考，甚至我该不该嫁给他的思考，都很有意义，都是哲学问题。

人性成长之三是对过去的觉悟。

当我沉浸在历史之中，那些伟大的人的体验就成为我的体验。他们对时间的感悟，对存在的感悟，就成为我的感悟。所以，人的自我实现实际上是先于他的过去，并且这些历史中的人，能够帮助我实现我自己，并对未来产生影响。这些体验能够帮助我们每个人更好地理解活着到底是为了什么。

我记得伊顿纪德的陈忠先生讲过一句话，不要以为我们在这里做项目是不要经过学习、不要经过研究就可以做的。我们必须学习，必须对过去有所学习，对大师有所学习，我们才能做出有深度的东西，无论是教育项目、生态项目或建筑项目都是这样的。

人性成长之四是增加我们的理解力。

如果我们分享他们的希望、恐惧，分享他们的遗憾、失败、勇气，分享他们最狂野的思想，使这些东西不仅呈现在我们自身，同时在某种意义上我们也和他们缠绕在一起，我们也变成他们。

这种融合有一个巨大的好处，使我们不被偏见所限制，今天很多人很固执，实际上是被某种偏见所限制。如果我们读过莎士比亚的作品，比如《奥赛罗》，就会发现嫉妒在夫妻之间会造成多大的灾难，会发现他的戏剧会拓展我们的心灵，使我们释放，使我们自由，使我们向伟大的思想和心灵敞开。

今天我们的思想都是从自己出发的，但我们如果扩大一点，和这些文学人物融为一体，他们的思想也成为我们的思想，他们所发生的灾难，在我们身上就会避免，他们所探讨的各种文学、艺术的主题都会帮助我们。

最后，人文学可以增加我们批判性的思考。

今天有很多碎片化的阅读，譬如看微信推文、刷短视频。有一个学员讲，他一天要读两百篇的东西，如果是不同主题，它们真会把你埋掉。我们要把我们自己从外部世界抽离出来，并且带着保留的精神去审视我们内心的世界。我常常跟学生说，做研究意味着我们是抽离出来的。如果你没有这种心态的话，你是被研究的人——那些灾难、悲剧的原子而已。

同样，对于人文学作品的研究，可以使我们的心智变得强大。为什么有些诗歌有感染力，有些没有？为什么有一些小说无聊，有些不无聊？为什么这部电影能够激起我的共鸣？这些问题会帮助我们思考。

当一个个问题出来以后，你必须把你主观的东西统统屏蔽掉。主观的东西没有研究支撑，那些实际上都是意见，都不是知识，知识必须是一个动态的过程，必须是对问题或对象的认识。知识必须是对未知的探究。

在我的课堂上，我虽然鼓励学生进行创造性思维，但我绝对屏蔽他的意见。你必须通过你的研究，对你的资料进行分析，产生结论。

我们培养自己分析和做出客观评价的技能，能帮助我们深化对人文学的鉴赏。我们鉴赏一个作品，应该了解我们到底是谁，什么事情是值得我们花时间去做的。如果埋在事物里就很麻烦，就像海德格尔说的，那是离开了本真的存在。

向古老而常新的抒情传统致敬

傅国涌

中国有着悠久的抒情传统，童趣之美、自然之美、人情之美、家国之美等已熔铸在古老的抒情传统中。抒情是对美的赞叹、吟唱和确定。那些有幸在时间中存留下来的美好诗篇因美而幸存，并一直在那里等待一代又一代的少年与它们相逢。这样的等待，虽然常常被人类文明史忽略，却正是这天长地久、润物无声的等待成就了文明的代代相续。

诗是中华民族"活着的传统"

从某种意义而言，中华民族是一个诗的民族。中国人最早的创造是从诗开始的，先有了成文的《诗经》，后来才有了成文的神话。那些无名氏的歌唱，是对人间情感的一种肯定，是对生命的诠释，也是对自然的拥抱。离开了这些诗，中国人就失去了文化根基。由此来说，对诗的贡献，中国完全可以与世界比肩，因为我们提供了一个伟大的抒情传统，这个传统代代更新，迄今不绝，只是表达的形式在改变而已。

"抒情传统"这一说法是学者陈世骧先生提出来的，他说："中国文学的荣耀并不在史诗；它的光荣在别处，在抒情的传统里。抒情传统始于《诗经》……《诗经》之后，在中国文学上是动人心魄的《楚辞》……"

一朵菊花被屈原写过，被陶渊明写过，被唐代的诗人元稹、李商隐写过，被推翻唐帝国的黄巢写过。而菊花的中心意象是陶渊明提供的，这一最富有文化内涵的意象，被包括李清照在内的一代又一代诗人不断确定。菊花被一代代的诗人想象和抒写，赋予审美的乃至道德的价值。这花不仅是自然的，同时也是人文的，它进入抒情传统中，带着它的文化性，参与塑造了一个民族的心灵——这样的心灵不是简单的自然状态，而是融入了文明的谱系中。

一些历史人物本质上不是诗人，但也留下了自己的诗篇。项羽有《垓下歌》，刘邦有《大风歌》，岳飞有《满江红》。有了这些诗，他们的心灵就已融合而凝固其中，被后世的人不断吟诵、演绎。

抒情传统不只是一个抽象的概念，正是透过一个一个个体生命留下的诗篇慢慢形成的。而那些不会写诗的人，同样参与了这一抒情传统的建造。当把一首诗读出来的时候，这首诗同时也是属于你的，因为你的心灵跟诗人的心灵正在隔着时空发生共鸣。

流淌在抒情传统中的长江

两千多年前，《楚辞》中说："湛湛江水兮，上有枫。"三国时期，出自阮籍笔下又有"湛湛长江水，上有枫树林"。一代代诗人会以自己的诗句与前人对话，后人再拿自己的诗句与他们对话，代代相续间，一条抒情传统中的长江，就这样浩浩荡荡地一路流淌过来。

南北朝时期的诗人谢朓，以短短五个字"大江流日夜"上接《楚辞》，下启唐宋。李白的"山随平野尽，江入大荒流"，杜甫的"星垂平野阔，月涌大江流"，同是写长江，也都可以追溯到谢朓的"大江流日夜"。

唐代王勃在《滕王阁》诗尾句提到了长江，"槛外长江空自流"。这句被宋代的王安石直接引用到《南乡子》下阕，而上阕最后一句是"晋代衣冠成古丘"，也引用了李白《登金陵凤凰台》中的原句。"千古兴亡多少事，悠悠，不尽长江滚滚流"，南宋词人辛弃疾对杜甫"不尽长江滚滚来"的诗句改一个字，又将唐人的诗意在词里重新呈现出来。明代杨慎亦有"滚滚长江东逝水，浪花淘尽英雄"……

到了清末，状元张謇在长江边开办企业，中国从农耕社会开始向工业社会迈出脚步。转身为实业家的张謇也是在抒情传统里生长起来的。他有一副对联，上联是"一剑劈开江水白"，写的就是长江；另有一句诗"海水欲西江正东"，描绘了浩浩长江到南通奔流入海。这些朗朗上口的句子也属于古老的抒情传统，写出了张謇登狼山看长江的真实感受。

今人的白话诗也是从古老的抒情传统里流淌出来的。比如诗人戴天的《长江四帖·第一帖》：

> 看见长江的时候／颈项伸长如虹吸管／摆出一个躬身去钓历史深浅的姿势／……／一头还刚刚听到／子在川上曰／逝者如斯夫不舍昼夜／另一头却好像自贪婪的躯壳／掏空了四肢五脏的血肉／灌入浩渺的江河／脱胎出另一种容颜

虽是白话诗，亦能读出其中的古典韵味，那是《楚辞》以来的长江。无论是孔夫子的千古感叹，还是"钓历史深浅的姿势"，白话诗人都是在呼应古人，呼应流过长江的那个古老抒情传统。

> 我的灵魂要到长江去／去饮陈子昂的泪水／去送孟浩然至广陵／再逆流而上白帝城／听一听两岸凄厉的猿鸣／……／君不见秋天的树叶纷纷落下

诗人痖弦的这首《我的灵魂》也用白话写出古典的诗意。这些句子的背后有陈子昂、李白和杜甫。最后一句分明是在呼应杜甫的"无边落木萧萧下"，与之衔接的不正是"不尽长江滚滚来"吗？

戴天和痖弦想象中的长江仍是古老的，而不是仅仅流淌在有形空间中的一条江河。而前不久，我带孩子们一起登狼山看长江，八年级学生付润石当天写出了一篇习作《在长江的屏风上》，开头是这样的："长江长，长江是一条长长的虚线，从巴峡到巫峡，从楚山到狼山，连起了文言与白话的山河岁月。"

寥寥数笔，"连起了文言与白话的山河岁月"，他的白话也是从古老的抒情传统里长出来的。他接着写："长江连天，一片光明开阔，而五山连立在江的尽头，天的尽头，海上的人看见五山，就知道'呵，到了中国了！'——五山连成了长江不可思议的屏风。"

"五山连成了长江不可思议的屏风"，这个有趣的想法是怎么来的呢？当时我们读了英国作家毛姆的《在中国的屏风上》，其中写到长江的三峡，于是这个学生就把"屏风"这个词移了过来，这篇习作的题目也由此叫作"在长江的屏风上"。

接下来他要进入历史，他说："狼山在文天祥的记忆里，在张謇的记忆里，同样是状元，可惜江山不再是大宋的江山，大清的江山，长江没有什么分别，涨退吞吐着五山，题写名胜的人在五山的屏风上反复地涂抹，浪花淘尽之后，留下的惊人名句如利剑般，劈开长江的千古记忆。"

"劈开长江的千古记忆"是张謇"一剑劈开江水白"给予的灵感。这篇白话习作与古老的抒情传统相联结，虽是与眼前的长江对话，笔下的长江却不只是一条自然的长江了，每一句都包含着文化、历史和世世代代所积累的精神资源。

这条从古老的抒情传统流淌过来的长江，连接着古人与今人，同样也通过付润石这些少年，连接了未来。

黄鹤楼、秦淮河在抒情传统中交相呼应

在抒情传统里，不只有流淌的长江，也有屹立的黄鹤楼。崔颢、贾岛、王维、李白、刘禹锡、孟浩然、杜牧、苏轼、陆游等人都写过黄鹤楼，学者陈熙远在一篇论文《人去楼坍水自流——试论坐落在文化史上的黄鹤楼》中说：就实际存在于历史上的黄鹤楼而言，从来没有一座黄鹤楼是"千载而下"得以"巍然独存"的。但是有一座千年来屹立在文本中的黄鹤楼。

面对黄鹤楼的废墟，一代代的诗人也在不断抒写它。到了1933 年，鲁迅的打油诗还套用了《黄鹤楼》的句子："阔人已骑文化去，此地空余文化城。"鲁迅只是嘲讽，并不是真的要写诗，但他化用的就是崔颢的诗。

当代诗人流沙河在 20 世纪 80 年代写过白话诗《黄鹤楼》，尽管里面出现了现代化的宇航员、飞碟、外星人，但这些都是"形"，"魂"还是从古老的抒情传统里流出来的。

另一位当代诗人洛夫的《登黄鹤楼》也是嫁接在崔颢的诗上，不是凭空出现的——

千帆过尽／却找不到一幅辨识的脸／只闻两岸争相传诵……此地空余黄鹤楼／而楼，永远高不过鹤唳／鹤唳／高不过我们的忧愁

无论是文本中的黄鹤楼，还是一次次化为废墟、一次次重

建的那个黄鹤楼，都屹立在抒情传统中。

尽管先前已经有人写过秦淮河，但杜牧的《泊秦淮》奠定了后人心目中秦淮河的基调。于是，宋代王安石到南京，填了一首词《桂枝香》："念往昔，繁华竞逐。叹门外楼头，悲恨相续……至今商女，时时犹唱，后庭遗曲。"站在秦淮河畔，王安石心里想到的正是杜牧的"商女不知亡国恨，隔江犹唱后庭花"，这是传统的代代相续，一再重述。

从宋亡之前文天祥的"伴人无寐，秦淮应是孤月"，到元代萨都剌的"伤心千古，秦淮一片明月"，人们的心灵在不同的时代也是相互呼应的。直到清代，孔尚任在剧本《桃花扇》中之"眼看他起朱楼，眼看他宴宾客，眼看他楼塌了"，抒写的也是杜牧夜泊秦淮的传统。

从诗流到词，从词流到戏曲，即便在朱自清、俞平伯的白话文《桨声灯影里的秦淮河》，以及张恨水、张友鸾写的秦淮河故事中，我们也能看到他们同样没有摆脱这个抒情传统。

抒情传统古老而常新

人不可能跳出自己的文化从零开始思考，所以，诗教是什么？诗教就是古老的抒情传统在每一代孩子的身上重新萌芽，在"前着村后着店"中建立起他的文化世界。孔夫子说："《诗》，可以兴，可以观，可以群，可以怨"，道出了诗教在人的生命中的重要性。

卞之琳是一位出色的翻译家、学者，也是一位白话诗人，他的诗歌就是典型的古老抒情传统的现代转化。不久前，我与孩子们去了卞之琳的故乡海门，一起读了他的文章《毕竟是文章误我，我误文章》。他自述，《千家诗》《唐诗三百首》是他的启蒙读物，正是这些诗集启发了少年卞之琳对文学的兴趣，潜移默化地促成他踏上文学的道路。

他的名篇《断章》，难道不是来自古老的抒情传统吗？"你站在桥上看风景，看风景的人在楼上看你。明月装饰了你的窗子，你装饰了别人的梦。"我宁愿将其看成是从古诗中长出来的白话。

卞之琳在另一首诗《白螺壳》中说："我仿佛一座小楼／风吹过，柳絮吹过／燕子穿过像穿梭……"

当把自己的身体比喻成小楼的时候，风可以穿过，柳絮可以穿过，燕子也可以穿过，这是写下了"旧时王谢堂前燕，飞入寻常百姓家"的古人没有想过的。古老的抒情传统经过转化变成了现代的，具有新的可能性，这便是它常新的一面。

陈之藩先生是一位出色的散文家，他也是从中国的抒情传统中浸润出来的。他说："时局如此荒凉，时代如此落寞，世人如此卤莽，吾道如此艰难，我们至少要像在铁蹄践踏下的沙土，发出些微弱可闻的声音，给这个无以名之的年代作一无可奈何的脚注。然而，我们有挨打，没有还手的能力；我们有挨骂，没有还嘴的喉咙；受了鞭笞，遭了屈辱，既无能呼天，亦不会呼痛。好像无论有过几千年惊天地的历史，有过几万首动江关的辞赋与泣鬼神的诗歌，与我们这一世这一代均毫不相干，历史至此而斩。而今而后，除了黑夜，即是空白。"

但事实上不是。当 20 世纪 70 年代陈之藩在大洋彼岸写出这篇文章的时候，我分明看到他身上流淌着那些"动江关的辞赋与泣鬼神的诗歌"，流淌着"惊天地的历史"。他的血液里面流淌的仍然是古老的抒情传统，只不过他用如此沉痛的白话写下他的感慨时，没有意识到他本身就是一个证据——抒情传统还活着，活在他的身体里，也活在读到这篇文章、受到感动的人的身体里。

所以，那些动江关的辞赋、泣鬼神的诗歌，只要曾经诞生，整个民族便可以共享荣耀，可以从中直接汲取，无论是欢乐还是悲伤。卞之琳用《断章》回应了传统，陈子藩用散文回应了传统，登狼山的孩子们也在长江边用自己的习作回应了传统。所以，抒情传统是古老而常新的，每一代人都可以重新表现出来。

课堂里那些吟诵的孩子，也在用他们的方式接通这个传统。这些被吟诵的诗，一旦成为历史中存在的诗篇，就扎根在大地的深处，流过黄鹤楼，流过秦淮河，流过长江，流过每一个读到它们的人身上。古老的抒情传统有自身的生命，无论是李白、杜甫的长江，还是刘禹锡、王安石的长江，都在共同证明这个民族曾经活过，痛苦过，喜悦过，并且还要继续痛苦着，喜悦着，这种情感是人类的基本情感，不会终结，仍会继续。

每一代人可以通过自身的追溯，在这个脉络里找到你自己：你不是天上掉下来的，你是地上生长起来的，你与这个古老的抒情传统息息相关。因为这些诗就像是空气，离开了空气，你就不能呼吸，空气无价，古老的诗句也是无价的。

读诗，多识于鸟兽草木之名

罗　建

　　从《诗经》的"三代夏商周，四诗风雅颂"，看看我们今天为什么还要读诗。观照身外与心内，审问物我之间的诗意。

　　《论语》有言："小子何莫学夫《诗》?《诗》，可以兴，可以观，可以群，可以怨。迩之事父，远之事君；多识于鸟兽草木之名。"意为《诗经》可以触发人们的感情志意，可以考察社会政治和人心的得失，可以团结人，可以抒发怨愤不平。近可以侍奉父母，远可以侍奉国君；还可以多认识鸟兽草木的名称。

　　最后一句"多识于鸟兽草木之名"本来是最不需要解释的一句话，但是，我恰恰认为它是《诗经》作用定位最重要的一句。因为"迩之事父，远之事君"，可能随着政治态势的不同有所变化，而"多识于鸟兽草木之名"是永恒的。

　　"多识于鸟兽草木之名"，给了我们一个引导，告诉我们今天读诗的意义（当然这里的诗不仅指《诗经》，也指所有带有人文意味的精神食粮）。

回归自然与赤子之心

据统计，《诗经》共出现草名 105 个、木名 75 个、鸟名 39 个、兽名 67 个、昆虫名 29 个、鱼名 20 个，其中还大量提到自然现象雷、风、电等，这说明当时人们的生活和自然是紧密不可分的。例如，《七月》完全是按照自然的运作，《采薇》和《黍离》中的忧伤都是跟着自然的变化走。

方玉润曾经写过一本《诗经原始》，书中说："夫佳诗不必尽皆征实，自鸣天籁，一片好音，尤足令人低回无限。若实而按之，兴会索然矣。读者试平心静气，涵咏此诗，恍听田家妇女，三三五五，于平原绣野、风和日丽中群歌互答，余音袅袅，若远若近，忽断忽续，不知其情之何以移而神之何以旷。则此诗可不必细绎而自得其妙焉……今世南方妇女登山采茶，结伴讴歌，犹有此遗风云。"

《诗经》里不断出现的鸟兽草木之名让我们感受到先民们和自然相融的原生态生活，而这一点恰恰是今天可望而不可即的。

另，以《静女》为例：

> 静女其姝，俟我于城隅。爱而不见，搔首踟蹰。
> 静女其娈，贻我彤管。彤管有炜，说怿女美。
> 自牧归荑，洵美且异。匪女之为美，美人之贻。

这首诗篇描述了情人约会，地点在城隅。男子找不到女子，抓耳挠腮，踟蹰徘徊。男子手里握着女子给他的一支赤色的金属笔管，在城隅晚霞的辉光中晶莹剔透。而在一旁的女子也在摩挲着男子给她的一把柔荑，氤氲于爱恋的幸福中。

孟子曾说："食色，性也。"意为食（饮食）和色（性欲）同为人的自然本性。《诗经》很多篇章都在倾诉男女之间清澈透明的、朴实美好的情感。这些男女，正是处在一种回归自然的状态。

子曰："《诗》三百，一言以蔽之，曰'思无邪'。"读《诗经》，多识鸟兽草木之名，是认识大自然的动作：知道苗是怎样长的，果实是怎样结的，鸟怎样飞鸣，然后回归自然，保持自己的自然性和赤子之心，就像一个小动物或一棵树一样。

价值理性和人文关怀

今天，我们的技术高度发展，但缺少对人本身的关注，包括关怀自己和关怀他人。我们总是把自己搞得急急忙忙，不知道要干什么，我们也总想把别人的节奏运作到这个程度。

心理学家马斯洛把需求分成生理需求、安全需求、爱和归属的需求、尊重的需求、自我实现的需求五类。在这里，生理和安全的需求多少和经济、技术有关，而后面的爱和归属、尊重、自我实现的需求都是人文关怀。

美学家宗白华先生也有"五境界"之说：为满足生理的物质的需要，而有功利境界；功利境界主于利。因人群共存互爱的关系，而有伦理境界；伦理境界主于爱。因人群组合互制的关系，而有政治境界；政治境界主于权。因穷研物理，追求智慧，而有学术境界；学术境界主于真。因欲返本归真，冥合天人，而有宗教境界；宗教境界主于神。

无论是陈忠先生的伊顿学园，还是赵健的嘤栖书院，在很大程度上都是追求一种和人文、自然之间沟通的教育。这种精神层面的价值理性，存于鸟兽草木的诗中。

郦道元在《水经注》中对三峡的描述如下：

自三峡七百里中，两岸连山，略无阙处。重岩叠嶂，隐天蔽日，自非亭午夜分，不见曦月。至于夏水襄陵，沿溯阻绝。或王命急宣，有时朝发白帝，暮到江陵，其间千二百里，虽乘奔御风，不以疾也。春冬之时，则素湍绿潭，回清倒影。绝巘多生怪柏，悬泉瀑布，飞漱其间，清荣峻茂，良多趣味。每至晴初霜旦，林寒涧肃，常有高猿长啸，属引凄异，空谷传响，哀转久绝。故渔者歌曰："巴东三峡巫峡长，猿鸣三声泪沾裳。"

郦道元把山水看作是一个有灵魂的生命体，给予尊重。这远比修一条路更重要，因为自然环境被破坏了是不可逆的，这就是价值取向。

审美：自然与人的桥梁

大家常讲：我不想做一个仅仅吃饭能吃饱的人，而是希望做一个美丽、文雅的人，有点审美情趣。所谓审美情趣，是我作为审美主体，对外部世界的美妙有所判断和思考。

契诃夫曾经说过："望着温暖夜晚的天空，望着映照出疲惫、忧郁的落日的河流和水塘，是一种可以为之付出全部灵魂的莫大满足。"自然可以对人的精神予以净化和宽赦，审美在自然与人之间搭起了一座桥梁。如果你能读出自然的喜乐忧伤，再用诗、文、话甚至生活方式表述出来就是审美情趣。

高尔基曾说："我们读安东·契诃夫的小说的时候会有这样一个印象：仿佛在一个恬郁的晚秋的日子里，空气十分明净，光秃的树木，窄小的房屋和带灰色的人都显得轮廓分明。一切都是奇怪地孤寂的，静止的，无力的……作者的心灵跟秋天的太阳一样，用一种残酷无情的光明照亮了那些塌坏了的路，曲折的街，窄小龌龊的房屋，在那里面一些渺小可怜的人给倦怠和懒惰闷得透不过气来……"高尔基有一句在说小说吗？全部在说自然景物，他解读出了自然景物和契诃夫小说的契合点。

海明威曾经这样写过："乞力马扎罗是一座海拔一万九千七百一十英尺的常年积雪的高山，据说它是非洲最高的一座山。西高峰叫马塞人的'鄂阿奇—鄂阿伊'，即上帝的庙殿。在西高峰的近旁，有一具已经风干冻僵的豹子的尸体。豹子到这样高寒的地方来寻找什么，没有人作过解释。"

很多人不理解为什么讲豹子。是因为海明威感受到豹子虽然死去了，却有一种生命的张力。

在自然界，死去不等于力量消失，而是一种壮烈。这种壮烈正如大沙漠里的白蚁，暴风卷起的巨浪，魔鬼般的变形绘画等，大部分人是不能欣赏的。

你若想读出你的感受，需要有一定的知识积累和人生经历，更需要多识一点鸟兽草木之名，回归到自然。

这就是为什么宗白华先生在五个境界之后，又讲到了艺术境界，即介乎学术境界和宗教境界之间，以宇宙人生的具体为对象，赏玩它的色相、秩序、节奏、和谐，借以窥见自我的最深心灵的反映；化实景而为虚境，创形象以为象征，使人类最高的心灵具体化、肉身化。艺术境界主于美。

自然的正反面：艺术与科学

科学是运用范畴、定理、定律等思维形式反映现实世界各种现象的本质和规律的知识体系。艺术是人类以情感和想象为特性的把握世界的一种特殊方式。英国博物学家赫胥黎曾在《科学与艺术》中形象地比喻说："它们是自然这块奖章的正面和反面，它的一面以感情来表达事物的永恒秩序；另一面，则以思想的形式来表达事物的永恒秩序。"

诺贝尔物理学奖获得者李政道先生也说过，科学和艺术是不可分的，两者都在寻求真理的普遍性。普遍性一定植根于自然，而对自然的探索则是人类创造性的最崇高的表现。吴冠中先生与之唱和。他在自然科学非线性科学的"复杂性对简单性"问题的启发下，画了一幅《流光》，以神韵备含的点、线和几种颜色，挥洒自如，千变万化，动中含静，静中有动。李先生对吴先生的画极为赞赏，赋予这幅画更多的科学含义：

点、线、面，黑、白、灰，红、黄、绿，

最简单的因素，营造极复杂的绘画。

它们结合在一起，光也不能留时间。

流光——流光，流光容易把人抛，

红了樱桃，绿了芭蕉。

后李政道又邀请李可染、吴作人等画家为物理的前沿学科当题作画。绘画的主题是"量子引力""粒子物理"和"表面物理"等。李可染先生为表述"相对论性重离子碰撞"这个当代物理学的主题，画了两头公牛角斗的场面，题为《对撞生新态》，既生动形象，又幽默风趣。吴作人先生为"二维强关电子联系统"而作的《无尽无极》的画，既像阴阳鱼，又像两颗彗星，且只有两笔，简洁而对称。

一个科学家走到极致的时候，一定会从哲学和人文的角度去理解。科学家如果不是以人性的诗与情去拥抱宇宙，便难以造福人类；艺术家如果没有按照宇宙之道表达人性的浪漫，也很难进入更深的诗意。有成就的科学家和艺术家的境界与常人的差别就在这里。正如李政道说，艺术和科学的共同基础是人类的创造力，它们追求的目标都是真理的普遍性。吴冠中说科学揭示了宇宙的奥秘，艺术揭示了情感的奥秘。

朱光潜曾经写过："阿尔卑斯山谷中有一条大汽车路，两旁景物极美，路上插着一个标语牌劝告游人说：'慢慢走，欣赏啊！'许多人在这车如流水马如龙的世界过活，恰如在阿尔卑斯山谷中乘汽车兜风，匆匆忙忙地急驰而过，无暇一回首流连风景，于是这丰富华丽的世界便成为一个了无生趣的囚牢。这是一件多么可惋惜的事啊！"

因此，我们要静下心来感受一下桃之夭夭的火红，感受一下采薇内心世界的起伏，感受一下蒹葭苍苍、白露为霜的凄婉。因此，三代夏商周，四诗风雅颂。我们在结束的时候，要说，慢慢走，去感受诗之美，远方会有诗。

远方与归去——中国诗歌的一条主线

景凯旋

远方与归去是贯穿中国诗歌的一条情感主线。唐诗是想象，是远方，生活在别处；宋诗是感慨，是归去，生活在此处。李白的家园是诗意的远方，王维的家园是归去的隐遁之所，而在远方与归去之间的杜甫，他的家园则在当下。在这个蓬勃灿烂的夏日，让我们顺着历史长河溯流而上，找寻自己的精神家园。

诗歌——表情独特的面孔

海德格尔说过，"语言是存在的家"。而诗歌可以引领我们探寻事物的本质，从而理解存在的意义，到达存在的家。

中国诗歌是汉语言的艺术，其特点有二：一是音乐性，诗歌与音乐结合，继而产生了声律和节奏；二是抒情性，正如《诗大序》所言："诗者，志之所之也，在心为志，发言为诗。"中国诗歌的发展线索并不是唯一的，它主要有两条：一条是儒家的温柔敦厚，另一条则是屈原的发愤抒情。

俄罗斯犹太裔美国诗人布罗茨基曾把诗歌称为表情独特的面孔，即它是一种个性化的表达，具有独立的意识。中国诗歌颇符合这样的定义。在《诗经》里，诗人总是代表一个群体发出哀叹；唐代以后，诗人开始有了自我——他的痛苦不再是所有人的痛苦；而到了宋代，这种自我意识愈加明显。

好的诗歌首先要反映这个时代，其次是反对这个时代。正如康德所说：美是无功利的。诗的本质就是排斥功利，呈现人性的本真。它绝不会赞美权势、财富和成功，而是同情和悲悯，弥补过于幸福或悲伤的生活，超越日常的人生。

诗歌的最终目的是要找寻更高的人生，这是钱穆先生的一个观点。他举例说，陆游虽为大诗人，但有些诗写得并不好，就拿陆游"重帘不卷留香久，古砚微凹聚墨多"这句诗来讲，虽然对仗工整、用词讲究、意蕴凝重，但字词堆砌的背后看不到"人"。

从中国文化的性质上说，人生就是从来处来，到去处去。在中国诗歌中，我们也可以找到这样一条主线：远方和归去。

悲歌可以当泣，远望可以当归

"诗"起于西周。中国最早的一部诗歌总集是《诗经》。它是中国古代诗歌的开端，远方与归去自然就从那里开启。

"昔我往矣，杨柳依依。今我来思，雨雪霏霏。"简单的语言，组合起来却产生出强烈的感染力。回想当初出征，杨柳依依飘扬；如今回来，雨雪交加。这一往一来中，对应了远方和归去。

农耕文明时期，人们对土地有着强烈的依赖感。"安土重迁，黎民之性；骨肉相附，人情所愿也。"离开家乡，去到陌生的土地上，总是饱含着"背井离乡"和"流离失所"的悲伤情绪。

"君子于役，不知其期，曷至哉？鸡栖于埘，日之夕矣，羊牛下来。君子于役，如之何勿思！君子于役，不日不月，曷其有佸……"这首诗写的是丈夫久役，妻在家怀念之情。这种怅惘的盼归心绪淡淡地融入一幅乡村晚景的画面中。

汉代诗歌的主流方向是歌功颂德，而乐府民歌却恰恰相反，总是充满"悲歌可以当泣，远望可以当归"的基调。

东汉末年战争频繁，大批服兵役的人一去不复还，即便幸运得以返回家乡，早已是物是人非。"十五从军征，八十始得归。道逢乡里人：家中有阿谁？遥看是君家，松柏冢累累……出门东向看，泪落沾我衣。"依旧是《诗经》中归去的主题。

南朝乐府多婉丽，是都市的声音，北朝乐府多粗犷，是汉乐府的遗响。例如《陇头歌辞》，"陇头流水，流离山下。念吾一身，飘然旷野"，人生感慨全然浓缩在短短四句里，描画了一个不得不走向的远方。

远方代表的是一种超越性，因为它总是充满未知、诱惑、各种可能性。而归去的旨趣则代表了经验性。少年时远方向我们召唤，当岁月流逝，年齿日长，我们又会向往归去。但无论是远方还是归去，在中国诗歌中，描写的都是一种在路上的景况。中国诗歌之美，就在于这种人生旅程的未完成状态。

而在东晋时期，陶渊明在田园中重新发现了生命的价值，他用"久在樊笼里，复得返自然"将归去的世俗性主题提升到了超越性的高度。

人生走到最后就是归去。陶渊明解决的是缺乏宗教感的人生终极的困境。这种中国式的解决方式为后来的知识分子提供了一种生命哲学。他在《归去来兮辞》中说："寓形宇内复几时？曷不委心任去留？胡为乎遑遑欲何之？富贵非吾愿，帝乡不可期。怀良辰以孤往，或植杖而耘耔。登东皋以舒啸，临清流而赋诗。聊乘化以归尽，乐夫天命复奚疑！"寄身世上，时光短暂，我们来自自然，终究也得回到自然。

生活在别处与生活在此处

进入唐代以后，中国诗歌迎来了大转变。这是因为从西汉末东汉初到唐代的 800 年间，佛教逐渐发展起来，它冲淡了中国人这几百年来的人生苦短。因此，哀叹人生短暂的诗歌少了。如果说还有，那就是李白的诗："呼儿将出换美酒，与尔同销万古愁。"

李白的诗总是向往着远方："青山横北郭，白水绕东城。此地一为别，孤蓬万里征。浮云游子意，落日故人情。挥手自兹去，萧萧班马鸣。"即将踏上征程，白云飘浮，落日不忍，一番言语都是对眼前的惜别，对走向远方的憧憬。

晚年，李白在南京附近写下了《夜泊牛渚怀古》："牛渚西江夜，青天无片云。登舟望秋月，空忆谢将军。余亦能高咏，斯人不可闻。明朝挂帆席，枫叶落纷纷。"依旧写的是自己即将开启的旅途。

李白的人生是一种想象的人生，不管是他的古体诗还是近体诗，视野的尽头常常是远方。"长风破浪会有时，直挂云帆济沧海""人生在世不称意，明朝散发弄扁舟"。对李白来说，远方从来不是现实生活的一个真实的写照，而是抽象的能够超越日常人生的美好地方。

如果说，李白是魏晋诗歌的一个结束，杜甫就是一个新的开始。

儒家思想在杜甫的诗歌里表达最多。杜甫是一个不幸的人，生逢乱世，一生漂泊。他的诗歌既不像王维那样渴望归去，也不像李白那样憧憬远方。他的家园总是在当下，充满人生的悲剧体验。他晚年的诗多写眼前景、心中事，比如"跨马出郊时极目，不堪人事日萧条"。

在杜甫之前，诗歌往往是触景生情，将读者思绪引向远方；而在他之后，诗歌开始转向即事写景。远方与归去在杜甫那里已经褪去理想的色彩，诗意地栖居也可以在此处、在当下、在日常生活中。换言之，杜甫更关注生命的中间状态，即人生在经验与超越之间的处境。

古诗的风味是高古，诗的开头要如李白"明月出天山，苍茫云海间"那样宏观开阔。杜甫却从日常生活入手，他的诗歌常常从人生艰苦转向历史，更多表达的是对人生与社会的关怀。

有别于唐诗的想象，宋诗更重在个人经验，是人生的写实。

比如苏轼的《和子由渑池怀旧》："人生到处知何似，应似飞鸿踏雪泥。泥上偶然留指爪，鸿飞那复计东西。老僧已死成新塔，坏壁无由见旧题。往日崎岖还记否，路长人困蹇驴嘶。"当年的路途，犹如春梦无痕，这是一种生活的领悟，一种人生的无奈。

黄庭坚的《寄黄几复》："我居北海君南海，寄雁传书谢不能。桃李春风一杯酒，江湖夜雨十年灯。持家但有四立壁，治病不蕲三折肱。想得读书头已白，隔溪猿哭瘴烟藤。"这首诗是诗人写给一位远方友人的，忆旧年春光美酒，念当下衰落境况，一句"江湖夜雨"写出了人生旅程的无尽况味。

在陆游的《临安春雨初霁》中，又是另一番景象："世味年来薄似纱，谁令骑马客京华。小楼一夜听春雨，深巷明朝卖杏花。矮纸斜行闲作草，晴窗细乳戏分茶。素衣莫起风尘叹，犹及清明可到家。"世事艰难，客居远方还是回归故乡，诗人在一夜不眠中独自惆怅。

在唐代以前，中国诗歌中的主人公都是在代表人类全体诉说悲欢离合，个人的忧伤就是人类的忧伤，唐代以后乃至宋代，诗歌开始向个人意识发展，诗歌也就出现了不同的风格。

山水之间

在中国诗歌里，我们或许可以发现两个经常出现的意象——山与水。事实上，山水在中国诗歌里具有独特的象征意味。

在《诗经》里，静止的山常代表回归家乡，如"日之夕矣，羊牛下来"；流动的水则更多代表着人事阻碍，如"汉之广矣，不可泳思""溯洄从之，道阻且长"。山是直觉的美，水是反思的美。所谓"反思"，就是加入理性的因素，将自然景物化作一种人生的思考。

孔子在水边发出人生感慨："子在川上曰：'逝者如斯夫！不舍昼夜。'"水是一种对时间的感悟。山则是一种空间的无限，孟子的"登泰山而小天下"正是这样一种表达。山与水，是中国文化的理性基因。积极的诗人总是或向往远方，或感叹生命短暂。但在遁世者的审美直觉中，一静一动的山水都是家园。于是便有了谢灵运的"模范山水"，有了陶渊明的"登东皋、临清流"。

到了唐代，李白的山水是漂泊，孟浩然的山水是家园，王维的山水是半隐半仕的寄托。

中唐的刘长卿在诗中把青山看作故园的象征，"日暮苍山远，天寒白屋贫""荷笠带夕阳，青山独归远"。钱起也以青山想象着归去的趣味，"忆家望云路，东去独依依。水宿随渔火，山行到竹扉。寒花催酒熟，山犬喜人归。遥羡书窗下，千峰出翠微"。

在王维笔下，水被视作象征性的返归。"君问穷通理，渔歌入浦深"，这是一种归去，不再是人生短暂的悲伤。韦应物也在诗中写道："独怜幽草涧边生，上有黄鹂深树鸣。春潮带雨晚来急，野渡无人舟自横"，流动的时间隐含了归去的意趣。

山水之间寄托着远方与归去，长路漫漫的旅途中，又衍生出一种特别的诗——羁旅诗。"岭外音书断，经冬复立春。近乡情更怯，不敢问来人。"这是宋之问的《渡汉江》，写尽旅人的心理。从遥远的岭外归来，回到久未踏足的家乡，尚在旅途，家乡的亲人平安否？至于李白的"山随平野尽，江入大荒流"，杜甫的"星垂平野阔，月涌大江流"，同是写旅途之情，李白自然，杜甫用力，表现出不同的诗风和性格。

远方或者归去，既是人生的一种经验，也是人生的一种隐喻，正因为中国诗歌由此体现出生命的在路上状态，所以才感动着世世代代的读者。

须知有唐宋：中国古典诗歌的两个高峰

—

景凯旋

唐诗人多士人，宋诗人皆儒生；唐诗人主自然，宋诗人主人文；唐诗重才情，宋诗重学问；唐诗主情，宋诗主理。同样写飞鸟，唐杜甫云"飘飘何所似，天地一沙鸥"，宋苏轼有"人生到处知何似，应似飞鸿踏雪泥"。

时值仲夏，于拙朴清简的茅舍间，共同悠游于古典中国诗歌的发生现场，感受千年之前唐宋因革与诗歌嬗变，体味其中曲折幽微的意趣之别。

1993 年，我到日本教书，住在伊豆半岛的平房里，下雨天，躺在榻榻米上，听着雨从房檐滑落到地面——滴答滴答，颇有"小楼一夜听春雨"的意境。这就是诗歌带给我的美感。

贝克莱曾说"存在就是被感知"，大自然需要人们感知它的美，人们把自然的美唱出来，自然就变成了存在。中国诗歌脱胎于音乐，尔后，文人的介入促使音乐和诗歌逐渐分离。

诗歌为什么会带来美感？一言以蔽之，诗歌会把你的思维和想象引向更遥远的地方。

诗歌让人直面世界

哲学教人如何去思考这个世界，而文学教人如何去感知这个世界。在旅途中，倘若你喜欢文学，你就会发现更多的美。对于不喜欢文学的人来说，景点就是一张照片，难以将其与自己的生命联结起来。

中华文化源远流长，最有成就的就是诗歌。我对文字比较考究，源于对诗歌的喜爱。十几岁时，我偶然间得到了一本《唐诗三百首》，仿佛打开了新世界的大门，后来又接触到《宋词三百首》，如今依旧能够背诵其中的篇章。所以，在孩子还没被理性完全驯化的时候，在他记忆力和感觉力最好的时候，不要磨灭他的想象力和审美力。

人类到了某一个时段，某一个历史的决定性瞬间，总会回头去寻找一种资源。现在，我们也面临着现代性的危机，在追求进步、追求经济效益的同时，也在破坏环境。阅读西方的科幻小说，主题大都是科技给人的存在带来的危害，这是对人类生存的忧患与思考。而诗歌中有一个很重要的东西，就是从里面寻找到我——我从哪儿来的？将会走向何方？

人类来到这个世界，靠什么拯救自己于失望、孤独、无助的状态？海德格尔呼吁"诗意地栖居"。胡塞尔提出直面世界、直面生活，重返"生活世界"。其实，诗歌就是直面世界，寻求人生的慰藉。

什么是好的诗歌？钱穆先生曾以陆游的两首诗为例回答了这个问题：《红楼梦》中，香菱学诗时，很欣赏陆游的"重帘不卷留香久，古砚微凹聚墨多"，但黛玉认为这两句并不好，因为没有表达出人的思想感情。

陆游的另一首诗则被清末民初同光体诗人陈衍叹为："千年不可无，百年不可有。"陆游七十岁返回家乡时，唐琬已病故四十年，陆游于是写了《沈园二首》，其中一首："梦断香消四十年，沈园柳老不吹绵。此身行作稽山土，犹吊遗踪一泫然！"悲伤之情充溢翰墨之间。一首诗，如果能够与读者产生情感共鸣，就是一首好诗。

那么我们应该怎样理解中国古典诗歌？首先，古代人和现代人的生活方式不同。比如，古人听见雨声会诗兴大发，但现代人住在高楼大厦中，不一定能听见。虽然如今通信技术发达，但在某种程度上说，人是被封闭的，被各种碎片信息包围，精神世界不一定比古人丰富。

其次，古代人和现代人的时间观念不同。首先，古人是通过步行或者骑驴等方式慢慢到达目的地，在此过程中，他们欣赏、观察周遭的事物。古人对自然界的时间感知就是春夏秋冬、云卷云舒，缓慢的生活节奏促使他们对自然有细致的观察和体悟。优秀的诗歌都是靠时间酿出来的。

人的一生短暂，文学著作能为我们展现不同的人生。我们需要置身于相应的情境中理解。欣赏唐宋诗歌，我们应了解两者的区别，以及产生区别的原因。

唐宋之变

中国历史上有几个重要的转折点，如周秦之变、唐宋之变、清末之变等。周秦之变和清末之变的核心是制度的变化。自秦到清末，两千多年的帝制有两点没有变：一是郡县制，二是中央集权制。这也就是为什么谭嗣同说"二千年来之政，秦政也，皆大盗也；二千年来之学，荀学也，皆乡愿也"。

唐宋之变要小得多，没有制度上的根本性改变，但是人的观念发生了很大的变化，士人对"自我"的理性审视，影响到文化建树，同时也影响了诗歌的发展。

最早提出唐宋之变的是日本汉学家内藤湖南。20世纪初，内藤湖南在《概括的唐宋时代观》中提出唐和宋在文化的性质上有显著差异。唐代是中世纪的结束，而宋代则是近世的开始。他打通唐宋研究的朝代分期，将中国分为"上古""中古"及"近代"。

受内藤湖南影响，钱穆在《理学与艺术》中说："论中国古今社会之变，最要在宋代。宋以前，大体可称为古代中国，宋以后，乃为后代中国。秦前，乃封建贵族社会。东汉以下，士族门第兴起。魏晋南北朝迄于隋唐，皆属门第社会，可称为是古代变相的贵族社会。宋以下，始是纯粹的平民社会。除却蒙古满洲异族入主，为特权阶级外，其升入政治上层者，皆由白衣秀才平地拔起，更无古代封建贵族及门第传统之遗存。故就宋代而言之，政治经济、社会人生，较之前代莫不有变。"

贵族逐渐退出统治中心，庶族士大夫占据了政治舞台，成为社会价值的主要承担者，从贵族社会的讲求礼法转向平民社会的践行仁义，这一社会价值观的转变也体现到了文学中。

唐代科举制推动了诗歌的发展。唐代每年定期举行的常科主要有明经和进士，明经科考贴经与墨义，进士科自高宗时加试诗赋，一般写律赋。士人要参加考试，就必须进行大量的诗歌创作训练，从而形成了士人写诗的文化风气。

超迈性与人间性

今天，我们最欣赏的唐诗大部分是盛唐诗，这是受到广为流传的蘅塘退士所编《唐诗三百首》的影响。其实，早在755 年左右，一位名为殷璠的文人编了一本唐诗选《河岳英灵集》，收录了李白、王维、高适、岑参、孟浩然、王昌龄等人的作品，书中写道："璠今所集，颇异诸家，既闲新声，复晓古体，文质半取，风骚两挟""既多兴象，复备风骨"。"兴象和风骨"构成了盛唐诗人"超迈"的底色，他们有一个共同点：歌咏的不是自我，而是社会现象。

李白感叹最多的是人生苦短，如"呼儿将出换美酒，与尔同销万古愁"，就是《古诗十九首》和魏晋诗歌的余响。他的很多诗最后都是走向远方，"长风破浪会有时，直挂云帆济沧海""明朝挂帆席，枫叶落纷纷"，充满对未知远方的向往。

高适、岑参常写西域风光，表达思乡之情。"故园东望路漫漫，双袖龙钟泪不干。马上相逢无纸笔，凭君传语报平安。"寥寥数笔道出了对故乡的眷恋与不舍。

王维、孟浩然是田园诗人，追求的是归去。王维写诗很多时候不用动词、形容词，而由名词缀联。后人也大都采用这种形式，如司空曙的"雨中黄叶树，灯下白头人"。西方人无法理解这种美，而中国人能立马心领神会。王维的诗极富禅意，强调"意在言外，相在意外，意在相外"。

到了中唐以后，随着士大夫的自我意识增强，诗歌的人间性也逐渐明显。清人陈衍认为"诗不分唐宋"，提出"三元"说，即"上元开元，中元元和，下元元祐"。近体诗有三个发展高潮：一是在唐玄宗开元年间；二是在唐宪宗元和年间；三是在宋哲宗元祐年间。杜甫虽为盛唐人，但诗歌的变化是从他那里开始。

唐诗主情，宋诗主理

除了杜甫，倘若讲中唐的诗歌，就不得不提元和诗坛的几位诗人。

白居易的诗通俗易懂，采用的是散文句式，主谓宾完整，没有跳跃性。如《望月有感》中的诗句"共看明月应垂泪，一夜乡心五处同"，没有借景抒情，而是采用了"赋"的手法，直书其事。

白居易被贬江州，写了《问刘十九》："绿蚁新醅酒，红泥小火炉。晚来天欲雪，能饮一杯无？"它不像盛唐的诗，作者与读者都须"思接千载，视通万里"，而是让你感觉到是在叙事，很亲切、真实，这就是人间性。

盛唐诗歌为什么有美感？因为多采用"兴"的手法，融情于景、借景抒情。但韩愈不这样写，他是用"赋""比"的手法，如他的《左迁至蓝关示侄孙湘》："云横秦岭家何在，雪拥蓝关马不前"，便是因意写景。白居易喜欢平易，韩愈喜欢险怪，但他的诗歌同样具有叙事性。

在唐代，写公文要用骈文，因为骈文对仗工整、声律谐美、藻饰华丽，但是为了对仗，必须要删减字，很难表达思想，所以韩愈提倡古文运动，于是作诗也是以文为诗，以议论为诗。韩愈认为，表达欢乐的诗不容易写好，表达痛苦的诗才能写好。他写诗和儒家的诗教不太一样，不是温柔敦厚，而是发愤抒情。如韩愈的《山石》中"当流赤足踏涧石，水声激激风吹衣"之前的诗句在叙事，之后的"人生如此自可乐，岂必局束为人靰？嗟哉吾党二三子，安得至老不更归"等句便是展开议论。

韩愈对诗歌的革新在唐代并不受人推崇，却受到了宋朝文人的喜爱，如欧阳修等人就是学韩。唐诗主情，宋诗则主理。朱熹和"二程"完全是在讲哲学。苏东坡写的"不识庐山真面目，只缘身在此山中""欲把西湖比西子，淡妆浓抹总相宜"都是在讲理。

王国维说中国文学史上最伟大的四位诗人是屈原、陶渊明、杜甫和苏东坡。苏东坡是最能代表中国士人价值观的诗人。他一生坎坷，入朝为官多次被贬。苏东坡的责任感很强，被贬海南后发现当地的教育落后，就去教书，培养出了海南第一个举人。同时他又很旷达，每到一个地方都会自我安慰："此心安处是吾乡"。苏东坡的诗歌多有哲理性的议论、散文式的表达。如《和子由渑池怀旧》："人生到处知何似，应似飞鸿踏雪泥。泥上偶然留指爪，鸿飞那复计东西。"采用的都是"赋""比"，而不是"兴"的手法。

黄庭坚是"苏门四学士"之一，是"江西诗派"的领袖，以杜甫为学习对象。黄庭坚写诗词爱用典故。如"朱弦已为佳人绝，青眼聊因美酒横"，前句用伯牙捧琴谢知音的故事，后句用阮籍青白眼事。黄庭坚写诗注重用字，细细品读《寄黄几复》中的"桃李春风一杯酒，江湖夜雨十年灯"，十四个字概括了自己的一生。其实不管是雨是风，都不是在描写风景，而是比喻人生。

王安石是政治家，他写诗注重联系现实社会。以王维的《桃源行》、韩愈的《桃源图》和王安石的《桃源行》三首写桃花源的诗为例，王维按照陶渊明的《桃花源记》描述世外桃源，韩愈直言不相信这个地方的存在，王安石则对现实进行了批判。这是唐宋之变的一个表现，宋代士人显得更有主体意识，因而也更有自我，诗歌不再是因景写情，"瞻万物而思纷"，而是因意写景，景物是为情感服务的。

从整个文化史的角度看，从唐诗的主情到宋诗的主理实际上反映了一种自我意识的成长和成熟，因此后来的诗人也只能走宋诗的路子。

旧体诗：宋诗的延续

民国时期的文人写旧体诗都受宋诗的影响。鲁迅的小说和散文妇孺皆知，但他也写旧体诗，例如《亥年残秋偶作》："尘海苍茫沉百感，金风萧瑟走千官"，没有景物描写，而是直抒胸臆。"竦听荒鸡偏阒寂，起看星斗正阑干"一句采用"闻鸡起舞"的典故，以看星斗的动作表现孤寂的心情。

《忆故居》是陈寅恪在抗日战争胜利以后写的，"一生负气成今日，四海无人对夕阳"道出了孤独、寂寞、悲凉的意绪。《男旦》则讽刺当时很多文人失去独立性，精神上无能。

钱锺书是一位和光同尘的人。在《有感》一诗中，"穷而益脆岂能坚，敢说春秋备责贤"，虽然是议论文字，但对于现实的评论比较隐蔽，看破不说破。

古希腊有句残诗："那西沉的永远是同一颗太阳。"其中蕴含着对永恒事物的意识，可以说象征了西方文化的深刻。中国文化的特征则是智慧，重视当下的人生，同样是写夕阳，李商隐是感叹"夕阳无限好，只是近黄昏"。我们的传统中缺乏对永恒事物的观照，而是注意到事物的短暂，并把对这种短暂的感叹写成了美好的诗歌，传了下来。

中国古典诗画的审美意境
——从《白石诗草》看齐白石诗画同源

夏中义

"诗是无形画，画是有形诗"，品味齐白石诗画之意境美学。齐白石先生的诗画，诗中有画，画中有诗，画意诗心相与追，画中的红花墨叶、诗中的野生语言，何其烂漫，直指自然，开辟了中国艺术"通俗—高雅—通雅"的现代之路。

一

我对齐白石先生的画一向是喜欢的，尤其他的水墨花鸟画，与其《白石诗草》旧体诗两相交融，美哉妙哉。在20世纪的中国水墨艺术家里，齐白石是一个经典符号，你很难说出一个人的名字比他更有分量。而在"美术巨匠"的光环之下，他原本只是一名自学成才的乡村画匠。

贫寒农家出身的齐白石，20岁方才开始自学作画，靠着聪慧和勤勉，他在当地声名渐起，继而得一亩宅第，一方池塘，一个快活天地，日子虽不富足，却也闲适自乐。1917年，一场战乱令他不得已去北京孤身飘荡。皇城之地，人世淡漠，幸受得陈师曾、徐悲鸿、梅兰芳三人的慧眼识才，齐白石在北京渐渐声名鹊起。

1922年，陈师曾将齐白石的画带去日本，卖出了高价。墙内开花墙外香，墙外的芬芳又传到墙内，齐白石的好日子开始了。但齐白石不是一个赚了一点钱就飘起来的人，他明白，一个真正的画家应该是一个能够画出自己心灵分量、光泽和芬芳的人。于是他下定决心，"衰年变法"。他曾说，他的画其实是在70岁前后才稍可观也，70岁后的他是艺术家，70岁前的他只是一个从乡村、从泥土、从田野走来的"草泥"画家。这样一个从乡间走来的画匠，如何变成了20世纪中国美术史上的巨匠？"外师造化，中得心源"，一切伟大的艺术创造，都来自艺术者伟大的心源。以心灵为源泉，齐白石才有他的诗歌，才有他的绘画，他的内在心灵结构发生了变化。

二

"伤时"是齐白石心灵结构的第一个层次。面对突然降临的战乱，齐白石不得不迁居北京，以卖画为生。对于这样的境遇，他在旧体诗里流露出极为感伤之情，表达了三个内涵。

第一个内涵是魂断家山。从出生到55岁，齐白石一直在那块土地上生活。在那里，他游荡于山水间，"无事出门三十里，赤泥山下听流泉"。而今背井离乡远赴北京，曾经的家乡只可想象与描绘，不可回归，天路渺渺，望不到家山。

第二个内涵是慈恩难忘。齐白石是孝子，他收到家书，得知母亲重病，见写信时间已有半月之隔，暗自担忧"我回去可能已经见不到老人家了"，急赶回去，母亲已经走了。相传乌鸦有反哺之义，于是他刻下"悔乌堂"印，表达了因自己逃命而不能对父母尽孝道的悔恨之意，愧不如乌。

第三个内涵是埋骨何处。叶落归根，齐白石知道自己回不去家，死后也没有希望把自己的骨头掩埋在故乡。既如此，家在湖南，就于北京魏公村湖南公墓买一块地，勉强算作慰藉。

王国维说诗词有境界之高低，他认为境界最高的人是李煜。李煜从南唐国君一落千丈成为阶下囚，"问君能有几多愁？恰似一江春水向东流"。但假如他还想再干一点事，就必须把淤积在内心的苦愁排遣掉，让自己的心变得沉静，如此才有了他后来的诗文造诣。齐白石假如还想当一个大画家，也不能陷入愁苦的境地。

伤时让他内心极为不安，表达在他的诗里称为"离乱乡愁"。但恰恰也是这些情愫，为他提供了内心的支撑，让他从离乱乡愁出发，渐渐转变画风，转变画法，排遣淤积在心头的愁苦伤痛。

三

齐白石对自己的诗评价很高，他曾说："我诗第一，印第二，字第三，画第四。"张大千、林散之等很多艺术家都把自己最擅长的放在最后，而把作诗排在最前，因为他们知道，诗是最接近心灵的艺术。在齐白石的诗画里，很多意象都取材自故土，欲以故园清趣，作画写诗，帮助自己走出伤时之痛。这是他心灵结构的第二个层次：抚魂。

他常落款于作品上的印多出自家山。例如，"白石"并非他的本名，乃是故乡的一个地名，叫白石铺，他把"白石"二字摘下，变成了艺名。"星塘老屋后人"中，星塘是他的家乡名称，自己则是家乡老房里的一个后代。"寄萍老人"的名号，因他40岁那年开始周游山水，8年间在半个中国的山水中漂游，于是他说自己是寄萍，漂到哪里，就住在哪里……

2014年出版的《齐白石画集》，辑录了画家从1919年到1936年的花鸟写意作品70幅，其中44幅的落款都和故乡相连，这是家乡在他心里留下的痕迹。在他画画和题诗的时候，他的心灵和感情，都在故乡。虽然地理上回不去，但故乡在心里面从没有走远。

他在春风杨柳的背景下画牛，在杏花盛开的景色中画牛，这是因为他曾经放过牛，对牛的记忆特别深，那曾经在牛背上吹着笛子的场景，他在诗里把它称作"横笛露斜阳"。

家乡老屋门外有一棵木芙蓉，他也把它写进诗里，描进画里。但诗里与画里，木芙蓉的"表情"是不一样的。

在他的诗里面，木芙蓉有四种表情。第一种，"记得移家花并来，老夫亲手傍门栽。借山劫后非无物，一树芙蓉照旧开"。老家在战乱中多有毁坏，却也并非空无一物，那株我亲手栽种的木芙蓉照旧开得鲜艳。这是他收到老家的信，说家乡芙蓉正开，很高兴。

第二种表情，"衰老始知多事苦，乱离翻抱有家忧。相怜只有芙蓉在，冷雨残花傍小楼"。乱世离家，忧愁在心头翻涌。我走了，只有芙蓉代为守护老屋。这是凄苦、孤单之情。

第三种表情，"廿年不到莲花洞，草木余情有梦通。晨露替人垂别泪，百梅祠外木芙蓉"。离乡二十年，花朵上滴着的露珠多像一个人的眼泪，在思念久违的亲人。这里的木芙蓉更加凄婉。

第四种表情，"红云耀木隔秋塘，倒挂芙蓉照水光。独立微风天欲暮，近人野鸳一双双"。美好的秋景与晚霞中，他想象自己衣锦还乡，这时故乡的山水带给他更多的是一份温暖，满目夕照，木芙蓉在这里的表情又变成了喜悦。

而在齐白石的画里，木芙蓉的表情简单许多。他曾经画了一幅《芙蓉游鱼》：上半部分是一株芙蓉，典雅而充满慈亲之爱；下半部分是水，有一条鱼在翻身向上望。木芙蓉代表故乡，鱼代表自己，思乡之情溢于画纸。

同样的木芙蓉，在诗里有四种表情，在画里只有一种表情，怎么解释？

有一种解释是，文学可以抒情，也可以叙事，具有时间绵延性的特点。而画是非叙事的，是空间性定格的。古希腊有一尊雕塑《掷铁饼者》，雕塑中运动员的全身力量与动能都凝聚在铁饼要离开他掌心的这一瞬间，看似静止，实则动态，这便是把运动中需要时间延展的这一过程浓缩在一瞬，形成空间性定格。这也就是文学和绘画的一个很大区别。还有一种解释是，绘画要比文学环境更加纠结于心。齐白石画牛不画牛粪，却常在诗歌里夸奖牛粪，描绘把它晒干后当柴火烧，烤起红薯来特别香的情景。这是因为文学可以激发人的再造想象力，而绘画是直观的。他在绘画中要把内心最珍贵、最美的这一部分呈现出来，把文学的美丽用一种更纯净、更静默、更灵动的瞬间表达出来。于是，四种表情变成了一种，忧伤、凄苦消失了，只剩下和颜悦色、静穆美丽。

对故园清趣的吟诵和描绘，让齐白石的心渐渐变得安静。一个人假如内心宁静，写诗也好，画画也好，进步自然很多。

四

当诗画进步到一定水平，进而成为一名大艺术家，齐白石的心灵结构迎来第三个层次，"立身"。他要在活着的时候，在能够驾驭自己艺术命运的时候，努力塑造出一个能够在艺术史上站得住脚的形象。齐白石的一生都追求"艺术本位"。就是说，一个艺术家要把自己所倾心的乃至所献身的艺术，看成自己生命格局中最重要的一个选择，是其灵魂之寄托。

他曾写过一首诗，说自己是个怎样的人，"古树秋深余瘦影，大江东去四无人"。一棵古树在深秋留下清瘦的身躯，就像一幅自画像；历史无情地淘汰虚假的、苍白的、臃肿的、没有才华的万事万物，留下真正有才能的——这就是齐白石。他要做当"大江东去浪淘尽"，依旧在大地上独立寒秋的那个人，这是何等气派。

大艺术家是有底气、有毅力沉浸在由自己精神才华所营构的世界里的。对此齐白石也有一首诗。"寄萍三道栅栏开，小院春深长绿苔"，在他的"寄萍堂"书斋，从里面到外面有三道栅栏，把自家、画室和红尘世界隔开。小小的庭院里，因为人迹罕至，看上去景色很深，一路上长满了绿色的青苔。"尽日关门人不到，檐前鸦鹊不惊猜"，门总是锁着，没有人进来，我也不想出去；屋檐下，鸦鹊自由自在地生活，没有因为人的来到而受到惊动。这样一个安静的庭院，就是齐白石的全部世界。他有他独特的世界，这个世界有他运行的节奏，和世俗的节奏完全没有关系。

在他的另外一首题画诗里，也表达了他"现实世界的一个隐者"的形象。他说，"此间全是幽人住，花鸟虫鱼长得闲"，这里最适合幽人隐者来居住，和花鸟虫草共享闲适。"七尺低帘三丈竹，一湾流水数重山"，七尺屋檐在他看来还觉得低，旁边立着三丈的竹子，眼前一弯水，远处几座山。画家居住在这样的地方，生活在艺术的世界，是一位隐者。

这就是他的一生，告诉我们，要成为大画家，首先要把自己的生命"抵押"给非世俗的精神创造的世界。但这样的隐士生活是要付出代价的，齐白石在北京出名后，许多人容忍不了他的出类拔萃，闲言碎语渐起，他在诗歌里称其为"城南邻叟"。

明末清初大画家史陶的山水诗很著名，其中有一句"胸有山水齐天下"，齐白石把它改了改，变作"胸有山水甲天下"。"胸中山水奇天下，删去临摹手一双"，笔下这么说，却不等于他内心真的不当一回事情。比如他也说"名大都妨人欲杀"，名声大了，旁人的害人之心我是要防的。又说"年衰常梦鬼相招"，年纪大了，晚上经常做噩梦，被魔鬼纠缠。从这些诗中看得出来，齐白石其实很讲究经营。一方面，他在人世间特立独行，为了自己的艺术可以不顾一切地走下去；另一方面，假如想在现实世界里活得安全一点，对于一些人的恶意又不得不有所戒备。

齐白石喜欢画落地菊，他说，"休笑因何卧地苗，大风吹不折花梢"，别笑我不像其他花朵一样傲立风霜，待到大风来，我可以紧紧贴在地面，吹不掉花枝。落地菊的生长方式和他的处世策略相对应，正如他的另外一句"越无人识越安闲"。

他的这种既要在战术上善于处理繁杂人际关系，又要在战略上把自己在艺术史上的形象塑造得尽可能纯美，都在诗画里表达了出来。在《倒枝梅花》里，他写道："花发无辞天意寒，一生香在雪中山。"这和柳宗元的"独钓寒江雪"是相同的境界。他又说"年深自有低心日，不欲教人仰首看"，那棵树的年纪大了，知道怎么善待这样一个凶险世俗的世界，虽然我站得很高，但下面还有世界在审视我，所以我要把身段放低一点，不要让人家抬着头看你。

懂的人从诗句里读出了凝重的生存哲学，如果没有这个眼光，单看画作也会觉得这枝梅花很有意思。其他的梅花都是从下面往上长，他的梅花却从上面倒悬下来，构思很巧妙，也很美。这便是旨远言近，雅俗共赏。

在 20 世纪中国水墨画的历史上，齐白石能受到众多人的喜爱，也许就是因为他能够把大雅画得大俗。一般人都可以看懂他的画，虽然理解层面不同，却都能够从中得到些快乐抑或有所领悟。这也由此成就了他在艺术史上超出凡人的分量和境界。

士人与学人：为人师者的精神向度

夏中义

一、何为"士人精神"

"士"和"仕"读音相同，内涵却大相径庭。从字面上看，"士"没有单人旁，有单人旁的"仕"意指"做官"，倚靠在"权力"边上，学而优则仕，即此。学贯中西的钱锺书写过一本散文集《写在人生的边上》，他是以"士"的身份、知识者的身份，站在人生的边上来思考，这与"仕"不同，钱是一个矢志"远离庙堂"并活出个体生命精彩的知识者。

20世纪五六十年代的学者一般不具备表达"自我"的"底气"；基本都是以"我们"的名义来说话，个体从来仿佛不是单独的个体，而是更庞大的群体中的一员，个体只有融入群体才显得有力量。个体背后的那座靠山，在1911年之前是"朝廷"，在民国期间则是陈寅恪诗云"看花愁近最高楼"的"楼"——总统府，关涉最高权力的重镇所在。

中国士人的价值根基不挂靠权力中枢，那么，它植根何处？有句诗说得好："不问苍生与鬼神，唯问何处栖吾魂。"中国美术学院的范景中教授曾说过，中国美院的老校长潘天寿先生，也许是现代绘画史上最后一位士人画家。何为"士人画"？"士人画"不同于"文人画"，"文人画"讲闲情逸致，"士人画"则讲能否将自己的心灵融于画作。人格或道德圣洁是"士人"的毕生追求，只有把个体道德所至的纯洁度，当作一辈子最值得追求的目标，这样的人才称得上"士"。中国不乏文人，但有如此"灵魂自觉"的"士人"却极少，恰恰是这些人绵延了中华民族最纯洁的精神谱系，他们无论生前或死后，都是民族精神丰碑。

二、"士人"眼中的"教育"

以中国"士人"谱系来观照当今"教育"，"教育"应当何为？我想，"教育"旨在教会学生如何做人及做何种人。如今学校似更多在从事"教学"而非"教育"，学校和社会各界一样极其关心每年的名校录取率，毋庸置疑这很重要，但若只看重这项指标，用于衡量高中三年学习的成果，不免偏仄。高考只意味着学生通过了一项制度化考试而已。即使这次高考分数尽如人意，但这分数能保证孩子一辈子都在正路上走得顺当、前途似锦吗？据了解，从 1977 级开始，全国有颇多文科状元进入北大中文系本科，但少有人成为学科内有海内外影响的领军人物。他们以"状元"身份进入最高学府，却很快泯然于众。"状元"名分仅是一个人的阶段性指标，并非终极指标。

英国著名教育家纽曼说得很清楚，教育不是教学，教育首先要让孩子懂得做人的道理，令其气质变得博雅。学子的心灵健康比学习成绩更重要，因为心灵健康可以让孩子走出校园后仍能大放光彩。不要期待高校本科就可以培养总统，一个苏黎世工业大学也培养不出爱因斯坦。

教育与教学是两回事，教学是在某阶段通过限定性"关卡"，令学业有所提升；教育是引导人把一辈子的路走好，教人学会做人。首先是珍惜生命，其次是要活成一个令自己着迷的、值得自己成为的理想角色，并毕生为之努力。如此格局，才是做人，才是教育。

从中国"士人"心灵谱系出发，结合当世"教育"，真正能帮助学子了解中华民族心灵精髓的，并非到"儒释道"中找，而是到陶渊明身上找，到苏东坡身上找，到吴昌硕身上找，到潘天寿身上找，因为他们具备伟大的人格，他们关怀个体生命的质量，关心个人的道德状态是否纯洁。我们讲"中国士人精神"，有"儒"的成分、"道"的成分、"释"的成分，但又不是"儒"，也不是"道"，更不是"释"。给学子讲纯粹的"儒道释"，就仿佛在讲天上飘的一朵云，不着陆，没把手可以操作。"儒道释"的问题不单是知识学的问题，中国传统文化也不仅仅是一门课程，若想把中国文化渗透到孩子的内心，选择从中国"士人"谱系角度把"君子"文化精粹讲给孩子，这倒值得尝试。

在伊顿学园，我曾开设一门课程，讲述世人皆羡的陶渊明，这位为魏晋士大夫提供了第四种活法的大思想家，他也常思考"我是谁""我走向何方""我如何面对生命境遇中诸多难以逾越的艰难"……谁能较深地体会陶渊明，谁也就能接近"中国士人精神"的精髓。

三、何为"诗意"

"诗"一词，至少可从"技""艺""道"三个维度讲。写诗需要技巧，讲究押韵、对仗，要知道格律，这是一项技术性工作。此为"诗技"。

何为"诗艺"？在钱锺书看来，"诗艺"也叫"诗性"，即把诗语生动、活泼地表达出来，引得读者内心雀跃、激发想象、生发感情。《人，诗意地栖居》是19世纪德国浪漫派诗人荷尔德林的一首名诗，后经海德格尔的哲学阐发，"诗意地栖居在大地上"，几乎成了所有人的共同向往。这个"诗意"是指人的生命亟须精神支撑，以日常人伦去建立自己对生命意义的仰望，寻找人的精神归宿，这就意味着"诗意"须超凡脱俗。

从中国百年来的诗学演化来看，朱光潜的《诗论》用西学解释中国古诗，对中国诗歌的起源，中国诗的节奏、音律，做了大篇幅讨论，可以称作"诗技之著"。钱锺书的《谈艺录》则对中国诗词进行风格学分析，表达全新的批评史观念。而关注人的生命活法，敏感于人的生命意义的"诗意之学"，则首选王国维1908年初版的《人间词话》。

王国维《人间词话》独树"境界"一帜，突出一个诗人对个体生命意义的领悟，既有"小境"，也有"大境"，还有

"至境"。北宋宋祁这般咏叹"红杏枝头春意闹"：初春的杏花开得红火，就像篝火被春风吹拂得噼啪作响，仅用一个"闹"字，便将读者领略春色之媚的视觉与谛听篝火之欢腾的听觉一下打通，妙绝千古，故王国维也很喜欢这个"闹"字，说"一个闹字，境界全出"。南唐后主李煜《虞美人》词，一句"问君能有几多愁，恰似一江春水向东流"写出了生命曲折的蜿蜒，写尽了命运的哀歌。从高高在上的"皇帝"到万人唾弃的"阶下囚"，从"天堂"坠落"地狱"，世界上哪个人的愁苦能比我还多？然而，就是这个"当皇帝很失败的人"，并未阻碍他后来成为一位大诗人，这是人生苦难对他的生命重铸。人生难免有黯淡时刻，能否从黯淡重新走向明媚，这是人生的重要话题，生命中最值得人类珍惜的那份诗意，不就深深地蕴结其中吗？这是一种"极境"，一种极高的境界，因为他持续着对生命意义的终极追问。

四、"精神之问"有涉"明天的我"

"精神之问"，可以有这样几种追问：人怎么活？人怎样为值得自己信奉的意义而活？令自己的生命得以有意义的根基何在？

英雄也是普通人，只有在给定场所、时间作出英雄行为，才称为英雄。口渴喝水等日常行为，无所谓英雄不英雄。一个人物之所以是英雄，首先他和我们一样是血肉之躯、是有生有死的普通人；其次他一定具备某项"过人之处"。就像举重运动员，普通人举起百八十斤的重量确在其能力范围内，不可能像功勋运动员那样能举起四五百斤，所以我们称其为英雄。再如刘翔，人都有两条腿，都会奔跑，但只有他曾在 110 米跨栏时跑进 12 秒 88，他是代表了人类体能在此项目的极限水平，所以他是英雄。英雄之所谓英雄，无非是在碰到平常人难以克服、难以逾越的困境时，他能咬牙坚持、克服、逾越，英雄桂冠就落在他头上。为何其他人在面对同一困境时，不能像英雄一般坚忍呢？这就有涉"精神之问"。

"精神之问"归根结底是须问人为何活着，能否按照理想的角色自期而活。每个人内心都藏着一个比今天更好的"明天的我"，当"明天的你"在此刻召唤你，你就要竭尽今天之努力，不苟且、不躲闪、不动摇地克服障碍，去接近明天的自己。

五、山水画：作为生命隐喻符号

"山水"在中华绘画史上，往往是在隐喻书画家对其生命之安顿。山和水在其画面固然属艺术题材，然更是画家对其生命存在的隐喻符号。

北宋画家范宽所绘的峻岭山水常采用纵向立轴，画幅中央映入眼帘的，首先就是一座气魄雄伟的山峰，扑面而来的悬崖峭壁至少占据画面的三分之二，人在山脚抬头仰看，在如此壮阔的峰峦面前，人显得渺小。其代表作《溪山行旅图》最能让人体会何为"高山仰止"。这是北宋山水画的一个重要特点。"米家山水"有所不同，在米友仁的画作中，山都分布在画幅各处，他将书法中的点画融于绘画，并以墨线勾勒大块大块的云纹，野鹤般地回旋于各山头之间，而不是像范宽那样去拱卫峰巅之独尊。说罢米友仁，再说米芾。米芾也是个不同寻常的人，他爱石头，拜石而不拜皇帝，不畏惧权势，不崇尚庙堂。在米芾看来，范宽的画在过分抬高皇权的傲慢，借山峦的巍峨来演绎朝廷的傲慢；而米家父子欲消解权力的绝对性，故更愿画野鹤闲云的自由潇洒，这是"米家山水"的意境。

张大千的"泼墨云山"堪称其晚年绘画高峰的最佳体现。20世纪50年代开始，张大千先后侨居阿根廷、巴西、美国等地，每每想起故土，他的故国情怀就蓬勃迸发，淋漓尽致的泼墨表达的是他内心焦虑与万千感慨。这种画作，米氏父子画不出来，范宽也画不出来，纵是早年间的张大千也不能画出。

当代画家木心的山水画既不是范宽的崇山模式，也不是米芾、米友仁的"米家山水"，更不是张大千的泼墨云山，他画的是冰山。翻开中国的水墨画卷，从北宋到现在，从未有人画过冰山，木心的绘画不受任何羁绊，只遵从历史和自己的良知的召唤。

大画家的山水画各有匠心，直指其灵魂之所在。"山水"，不只是坊间目力所及的"山"和"水"，它往往是历代大画家安顿其灵魂的隐喻符号。

六、"文心"三解

世界上至少有三种"文心"：一是"文章之心"，即做好文章之秘籍所在；二是"文学之心"，此之谓文学所以为文学的机理所在；三是"文化之心"。我们这里讲"文心"，指的是文章和文学中所蕴含的文化关怀，具体而言是对"人本身"的关怀以及对"人何以为人"的关怀。

钱锺书在1933年写过一篇文章，叫《中国文学小史序论》，此文提出刘勰《文心雕龙》的"文"，与陆机《文赋》的"文"以及萧统《〈文选〉序》的"文"是不同的概念。

《文心雕龙》五十篇文章，分上下两编，各二十五篇。前二十五篇中，有十八篇都在谈文章体裁，因而将《文心雕龙》的"文"说成是文学原理的"文"并不合适。锺书先生在23岁时还给予我们另一个启发：若不在刘勰语境谈"文心"，则"文心"可以是"文章之心"，当也可以是"文学之心""文化之心"。人之为人的根基落在何处，此即"文化之心"所提出以及亟须回应的问题。

我于2011年在《中山大学学报》上发表过一篇文章，叫《"隐逸诗"辨：从田园到山水》，此文谈及陶渊明、王维和谢灵运三位人物，并进行比较。陶渊明给文学史的印象是"风华清靡"，其实这是408年前的诗作呈现的特征；在他生命的后二十年间，纵使有官可以重做，但他也从不放弃归隐，不放弃自我的追求，无愧为"隐逸诗人"。陶渊明其实是"隐而欠逸"的，他的日子在408年后（其家产毁于野火）过得很不安逸，但纵使再难也不放弃"隐"，这是他了不起的地方，是其伟大之处。

诗人王维同样追求个体生命自在。王维的归隐是由于其仕途已然黯淡，他索性选择归隐。此刻他已对朝廷无所求，其山水诗正映照出内心的纯美和干净。

无论是画中山水还是诗歌里的山水，都不只是坊间观感意义上的青山绿水，它们更是画家和诗人表达其生命境况的一种隐喻或寄托。明白这一点，欣赏山水画、品读山水诗的眼光自然就会发生改变，对中国"士人"或以陶渊明为人格符号的中华人文诗意谱系的解读也会变得有层次，有纵深感。

七、何为"学人"

有人拈一新词"善托邦"，来郑重想象教育的未来。乌托邦是一种被预设为"理想"的社会制度。有没有另一种乌托邦，比如"善托邦"？"善托邦"是一种君子理想，是一个纯洁的读书人的角色自期，意在追寻纯正人格。实现"善托邦"的过程，就是把自己变成干净、理想、有智慧的君子的过程。他只对自己提此要求，并不主张把这道德标准强加到天下百姓头上。

一位真正的老师或像"大先生"那样的老师，其精神维度与如上"善托邦"很接近。他们都想通过自己对专业的选择和坚持，把自己变得干干净净。他们可以清高，也可能崇高，但对道德的自我完善，是一辈子不放弃的。

也因此，一个纯正学人当不只成为学者。学者把知识研究及传授作为职业和专业，这是一种"工具理性"。学人则更在乎"价值理性"，如余英时所说，他须坚守自己从专业研究中得出的价值，且对此坚忍守望。学人作为学术所化之人，他须将治学、教书、写书体认为是其生命意义之所在。有此精神维度或道德坚守的学人，是不允许把自己呕心沥血的成果贬为某种待价而沽的商品，也绝不在不同背景下，准备随时把"自己"卖掉，换取"利益最大化"。学人要为自己的学术人生选择，抵押一辈子。

八、何为"学人信仰"

在 20 世纪的中国学界，谁把"学人信仰"演示得最令人叹为观止？除了陈寅恪，就是钱锺书。钱为中国文学学术贡献了喜马拉雅山一般的峰值。他有四个特点：自高则贤、自律则严、自圣则安、自辨则坚。

"自高则贤"，是把自己的生命意义置于日常世俗之上，并以此来绵延或演绎自己的有限生命。钱生于 1910 年，卒于 1998 年，享年 88 岁。27 岁时，他对杨绛说，我这辈子野心不大，只想做学问。27 岁说的话"管"了他一辈子。88 岁去世时，他仍是一个纯真学人，从未为"利益最大化"变卖自己。用他的话说，便是"不惧势逼，不为利迁"。若你把生命意义放在一个高于日常世俗之境，你也就能心仪贤哲。此为"自高则贤"。

"自律则严"，是自我设计一个目标，每天做，锲而不舍。钱的三部经典《谈艺录》《宋诗选注》《管锥编》，就是在中国诸多读书人、学者、高校教授几乎不写作的年代写就的。《谈艺录》起草于 1939 年，1942 年脱稿。那时流传一句话："华北之大，已经安放不得一张平静的书桌了！"但钱硬把这张书桌放下了，写出了他的第一部经典。

《宋诗选注》撰于1955—1957年间。他用"选诗—评注"方式来展示他心中的宋诗艺术发展史。那年头，从"反胡风"到"反右""山雨欲来风满楼"，无数学者皆搁笔，《宋诗选注》几乎成了那个年代唯一可观的学术硕果。

《管锥编》四卷一百多万字，皆为文言，撰于1972—1975年，钱62—65岁。那时，他头上还被扣着"反动学术权威"帽子，但他发愤著书依旧，要把自己血泪凝结的、对知识的发现和对人格道义之坚守，聚成这百万文言。《管锥编》是什么？《管锥编》意味着"中国古典文化在现代的巅峰"，这巅峰是以钱为人格符号的。

"自圣则安"，是指纵然置身人生困境，依旧把自己放在与中国学术发展好坏攸关的位置，来安顿日常生息。对钱而言，学术不仅仅是专业，更是生命。不管外界风气如何，作为纯粹学人，还须活得像理想中的自我一样，这就叫"自圣则安"——自己把自己当成是一个不能玷污的神圣生命，内心也就安顿。

"自辨则坚"中的"辨"，是"辨识"之辨。人要辨识自己：我是谁？我能把我的生命潜能发挥到什么程度，才能既实现自我期待，又兑现自己对学术史的自我期许？

像钱这样的伟大学人，到晚年，他会想什么？他也许会想："中国学术，在我有生之年能达到多高？""我走了，在十多亿国人当中，有人能成为钱锺书第二吗？"他写过一句诗："末契应难托后生"，意谓我作为资深学者，对国家学术已尽心尽责，后辈晚学能否继承先贤志向呢？很难。

九、何为"大先生"及其"传人"

有人若成为"大先生"，首先会对其弟子有要求——要当"大先生"的学生，不仅要学他的学问，还要学习、了解、体认他对学术的态度。

陈寅恪说，我对学术的态度已写在1927年为王国维所立的纪念碑上："士之读书治学，盖将以脱心志于俗谛之桎梏，真理因得以发扬。"那篇碑文，与其说写了王国维的人品或精神根基，不如说是陈寅恪借题发挥，在诉说一个"大先生"对学术的价值定义。

"大先生"的传人或接班人，未必是学籍意义上的师生关系所能限定的。1978年后执教于复旦大学的王水照生于1934年，1960年北大毕业，被分配在中国社科院文研所。文研所想让钱锺书做王水照的导师，钱不肯，王水照也觉得自己不配。直到2020年，他出书《钱锺书的学术人生》（中华书局），认为自己完成了钱的某个学术遗愿。他觉得而今大概配当钱的弟子了。从自己觉得不配，到觉得自己配得上，他用了60年的生命来践履。

钱锺书在青年时曾说，历史上的一颗伟大灵魂，与后世又产生另个能读懂这颗巨魂的人之间，有时会相隔数百年。此即韩愈所言："事有旷百世而相感者。"那些"大先生"的真正传人，未必是他培育的，而是文化史的另一个奇迹，以期让他与先哲能隔着历史长河，在此岸与彼岸相视一笑。

中国教育或学术的真正希望，大概在于后学能否传承纪念碑一般的"大先生"对教育或学术的坚守，是否也像"大先生"一般不计成本地把自己献给教育或学术，且将此内化为"角色自期"。如果后学能那么做且做好了，那些纪念碑式的英灵在九泉之下也会高兴地吟诵陈寅恪的七言："后世相知倘破颜"。何为"破颜"？破涕为笑也。

文学与道德想象力

——

徐　敏

文学反对道德说教，是否意味着文学与道德生活绝缘？一部声称与道德无涉的书，又会怎样影响着我们的道德敏感性？文学研究领域，简·奥斯汀、福楼拜、易卜生、艾略特、夏氏兄弟等人，分别以他们的创作与批评，为我们想象文学与人性、道德、生活之关系开拓出深广的空间。而在伦理学和教育学者眼里，道德律条与戏剧排演之间又构成怎样的关系？

16岁，我刚读中等师范，就在这个季节，或者略迟一些，稻子熟了，红薯收了。

一天上午，正在上课的我们被敲门声打断了："杨某某在这班吗？"半掩的教室前门挤进一个黑瘦的脑袋，被巨大的蛇皮袋压着，他左腿抵住门框，另一条腿高挽着裤脚，似乎刚从农田里过来。课堂骚动起来，我们私下里兴奋地打听：哎，他是杨同学什么人？你瞧袋子里装的是什么？我猜是米。还有红薯。嗯，真是"泥腿子"。说是她家亲戚呢。哪是亲戚，是她爸。你看都没有留他吃饭，嫌丢人……

周末回家，我热情洋溢地跟父亲说了这个"不认亲爸的故事"，期待父亲以同样的热情回应。但故事讲完了，父亲只淡淡地"哦"了一声。随之而来的沉默在以后的岁月里变得格外响亮。

己之所欲，强加于人

鲁迅曾经写过一篇文章《娜拉走后怎样》，娜拉走后，会回来还是堕落，我们不知道；但是，易卜生《玩偶之家》传达的主题人所皆知——你不能生活在谎言中，要对虚假和伪装毫不妥协。

几年后，易卜生又排演了一个《野鸭》的戏剧。格瑞格斯的父亲和雅尔玛的父亲曾经合作了一个工程。后来，格瑞格斯的父亲做了一个手脚，导致雅尔玛的父亲落入监狱。雅尔玛是一个体面的、善于演讲的人，有一个爱他的妻子和一个可爱的女儿。

但是朋友格瑞格斯知道雅尔玛生命中重大的秘密：他的妻子曾经是他父亲的情人，而雅尔玛的女儿是他父亲的私生女。

是否应该告知雅尔玛这个秘密？

生性正直的格瑞格斯觉得一个人的生存要像王子一样直面生命的困境和最难堪的痛苦。而朋友的关系就应该建筑在真实之上，不能掺杂任何隐瞒。美国批评家莱昂内尔·特里林指出，这位朋友患了严重的正直病——强迫自己和他人追慕道德完善，几成病态。己之所欲，强加于人。

而雅尔玛在善于表达的面具之下，隐藏着自身的脆弱和卑微，他的卑微在于非常善于调治自己的痛苦：他难道没有一点怀疑过他的妻子和孩子吗？他结婚14年，孩子14周岁。他在这个细节上反复纠正。

得知真相后的雅尔玛如同豢养在阁楼里的野鸭，灾难来临时，只顾一头扎进水底，完全不顾妻女的感受。但是随着时间的流逝，他那绝望中自杀了的女儿，很快会成为他演讲的绝好素材，这一悲剧遂成为他的生命不同寻常的明证。一个善于调治自己卑微的人同样善于塑造自我形象。

易卜生实际上将格瑞格斯放在了一个值得谴责的对象上，因为他以自己的英雄主义理想摧毁了另一个人的幸福生活，尽管这幸福有着脆弱的一面。我们在牢记易卜生主义对真理坚持的同时，也需要他的一个提醒：不是所有人都能够承担真实的生活，谎言如同幻境，成为人类不可脱离的境遇之一。正如诗人艾略特所言：人类忍受不了太多的现实。

包法利夫人就是我

包法利主义是儒勒·德·戈吉耶总结出来的，指人所具有的把自己设想成另一个样子的能力。福楼拜笔下的包法利夫人是一个充满想象力的美丽女人，从小生活在修道院，接触了很多宗教故事，也看了很多爱情小说。但她带着幻想嫁给包法利先生后，发现了丈夫的平庸，开始了一系列出轨。批评者批评包法利夫人崇尚金钱、不切实际、想入非非，是一个物质而虚荣的女人。

我们应该指责她对物质的兴趣，还是指责她对生命的兴趣呢？一位批评家说，包法利夫人很早就用那种廉价的、浪漫的故事，去编织自己未来生活的蕾丝边，她生活中所有的一切都是那些廉价的意象培养起来的。所以她是一个生活在虚假状态中的人，一个必然堕落的人，一个咎由自取的人。

那么我们——从小爱读高尚的文学，长大后从事研究，读了康德，读到了后现代——当我们用柏拉图或康德来编织我们生活理想的时候，就活得更真实一点了吗？

读书人很容易以启蒙者自居，但是对启蒙的阴影还缺乏必要的关注。莱昂内尔·特里林数次表达对知识分子的启蒙情结的警惕："我们天性中的某种悖论引导着我们，一旦我们使我们的同胞成为我们启蒙关注的目标，接着我们就会使他们成为我们怜悯的目标，然后成为我们智慧的目标，直到成为我们强迫的目标。"也许福楼拜意识到，他的笔下可怜的爱玛会成为别人嘲笑与启蒙的对象，他神色寻常地说："包法利夫人就是我。"

两种对人性的想象

让我们再回忆一个故事——狄更斯的《雾都孤儿》。贫民习艺所里奥利弗·退斯特生活的环境，几乎无法让他成为一个善良的人。但是，在他身上似乎有一种天然的、本能的、纯洁的能力，让他与恶劣的环境做抗争。最后，他终于成了一个体面的、自己想要成为的人。这是一个让人读起来多么心宽的故事。

在《雾都孤儿》之后的一百年，我们又看到了另一个故事——詹姆斯·法雷尔在20世纪30年代受到约翰·杜威思想启发而创作的《斯塔兹·朗尼根》三部曲。斯塔兹·朗尼根一心想成为健康、美好的少年。但他生活在一个贫民窟，这里只有两种现成的道德观，一种硬汉的街头文化，另一种是爱尔兰僵硬的道德文化，没有第三种可能。

斯塔兹·朗尼根在15岁的时候，特别希望成为身边人中的一员。但是他身边的人，教唆他把牛粪塞在一个人的烟斗里，他就干了，感觉良好。这里我们看到了"斯塔兹的某些最深藏的感情——他渴望价值充实的生活。但是这些值得仰慕的感情，却与腐败的对象联系在一起，理想主义蜕变得面目全非"（斯蒂文·费什米尔《杜威与道德想象力：伦理学中的实用主义》）。

他跟那些街头小痞子鬼混之后，一次次地想振作自己。教堂的钟声提醒他，他多希望成为一个好人。他参加教堂的舞会，鼓起勇气走到一个姑娘身边："我可以跟你跳支舞吗？"姑娘回答他："哦，谢谢，但是我不能。"斯塔兹·朗尼根吹着口哨，漫不经心地走开。来到街头他又喝了酒，把一个黑人莫名其妙地揍了一顿。他骄傲地不肯承认自己的心已坍塌。

年近30岁时，斯塔兹·朗尼根感染了肺炎和其他疾病，作者为他拍摄了一张快照："一个烂醉如泥的身影，蜷缩在第五十八街与普拉瑞街消火栓附近的路旁……那就是斯塔兹·朗尼根，少年时代曾经站在查雷·巴斯塞拉的赌场，想象着有一天，他将成长为健壮、结实的上等人。"

这两个故事放在一起，我们会看到两种对于人性的想象。一种是我们内心有某种纯良的东西，不管周遭怎样，我们都可以克服它并脱颖而出。另一种则告诉我们，如果周遭一直在打消我的意志力，好吧，原谅我，我终会堕落，终会以极为不体面的方式从这个世界消失。

我们不妨把它概括为（也许不是非常准确）两种关于道德的想象：一种是康德式，一种是杜威式。

康德有言："有二事焉，恒然于心，敬之畏之，日省日甚。外乎者如璀璨星穹，内在者犹道德律令。"道德律令，意味着自由意志绝不受外界干扰，所以人不能被判为奴隶，只能自认为奴。杜威批评说，这种道德律不考虑人性的弱点，而必须系统地阐述其完善、高尚、纯洁与德性，无须对人的现实状况有任何牵挂。

第二种道德观，则是杜威式的。在杜威看来，道德想象力乃有弹性的处境理智：从经验中学习的能力，从经验中保留某种东西的能力，这种得到保留的东西有助于应对后来之困难。但是，这依然不能保证善的结果，因为机遇（时间）能够把行动引向正常效果的另一方面。就这一点而言，杜威的经验改造里并不排除悲剧的成分。

因此没有一种理论能够保证我们安然地处在值得信靠的道德环境中，人类的处境里始终不能排除两种可能，道德冲突与道德困境。道德冲突是两种善在此时此刻的对峙，它可以通过新的道德排序来纾解其紧张感；道德困境则是指无论秉持怎样的道德观念，我们都无法顺当解决的情境。

相对而言，杜威的道德想象力似乎更值得今天的教育学界看重。这种道德观念特别注重慎思，一种具有想象力的反省式思维。即当我有所行动之时，我们同时保持着对复杂环境和当事人心智状况的敏感，并以此调节自己的行动，以获得最不坏的行动效果。

道德想象力的负面

如此强调道德想象力，这种想象力有没有负面作用呢？

我们在文学里常见两种人。一种是想象力过于贫乏的人，一种是想象力过盛的人。

想象力贫乏的人如包法利先生，说话做事像人行道一样正确乏味。他们经常成为我们嘲笑的对象。文学倒是偏爱那些想象力过盛的人，如上文提到的包法利夫人，还有简·奥斯汀笔下的爱玛。

爱玛很能干，她觉得自己根本就不需要婚姻，但年轻小姐的终身大事难免需要她来筹划。年轻漂亮的哈里特小姐于是幸运地得到了爱玛的关注："哈里特小姐长得很漂亮，虽然还谈不上多有教养，但我要培养她优雅的气质，把她从那个阶层拉出来，赋予她社会地位。"爱玛不仅有良好意愿，还有实干家的气魄。

简·奥斯汀微妙地暗示读者，爱玛的生机勃勃伴随着并不可爱的缺陷：她活在一种以自我为中心的想象力中，自以为是的善良意愿禁锢了她对周遭真实情形的认知。

康德对想象力是抱有一丝警惕的。他认为想象力在审美教育中非常重要，但如果我们在理性里加入很多想象力，任它驰骋，我们会被拖入自我塑造的幻象中。因为调皮捣蛋的人性善于玩弄这个把戏——在内心上演着一出出戏剧，在戏剧里面一次次矫正自己，让自己成为比实际上更好的人。

评论家夏济安曾经给弟弟夏志清写信说，他爱上了一个女孩，后来发现爱恋没有成功的可能。信中他发誓："我决定再也不恋爱了。我就要让自己成为一个潦倒的人，来羞辱这个世界。因为你们先羞辱了我。"转念一想："NO，我不要这样。我要成为一个洁身自好的人，我再也不多看那些女孩子一眼。我要写作，成为一个小说家，成为一个在美国汉学界有名气的人。"

夏志清忠告他说，你此刻想的并不是你的爱人，你想的全是你自己。你只是希望通过这种戏剧化的情境，把自己美化起来，脱离道德上的探求。

以上所谈到的文学与文学批评家，都可以说对文学有着纯粹的兴趣与追求，但是，他们同时保持了对生活和道德探究的兴趣，为读者提供了富有张力的阅读场域。

回望、寻找、发现

雅斯贝尔斯：培养完整的人

——

李雪涛

"教育帮助个人自由地成为他自己，而非强求一律"；"教育只能根据人的天分和可能性来促使人得以发生，教育不能改变人生而具有的本质"；"教育的目的在于让自己清楚当下的教育本质和自己的意志，除此之外是找不到教育的宗旨的"。时至今日，雅斯贝尔斯在20世纪对于教育之门的叩问仍能在中国教育者心里激起层层涟漪。

北京外国语大学教授、历史学院院长李雪涛老师是当代重要的雅斯贝尔斯汉语翻译家和研究者。在他看来，雅斯贝尔斯的教育哲学，是其实存哲学的延伸，不了解他的哲学体系，则很难理解他的教育哲学。

人之存在

1883年，雅斯贝尔斯出生在奥登堡，父亲是当地行政长官，一开始他在海德堡和慕尼黑学习法律。当他发现法律不适合他时，他毅然去了柏林和哥廷根，改学了医学，后来在海德堡大学完成了医学博士论文。他所学的是精神病理学，在精神病院给精神病患者做心理治疗，通过这个路径进入哲学。1922年，他彻底转向了哲学，为作家斯特林堡和画家凡·高撰写了哲学传记。他从精神病理学的角度切入，做个案分析。写《大哲学家》也是一样，他从不将哲学家作为客体研究，他自己叫"主观心理学"，是在一种潜意识的层次上，不断去激活这些哲学家的思想，让他们来应对当下的一些问题，并做出解答。这是雅斯贝尔斯进行"做哲学"（Philosophieren）的一种方式。

雅斯贝尔斯的哲学大致可以分为以下几个方面：精神病理学与心理学、实存哲学、逻辑学、哲学史、世界哲学以及宗教哲学。精神病理学和心理学实际上构成了雅斯贝尔斯哲学的基础。后来他解释过他对心理学的理解："因此我审视着历史世界之辽阔，以及人身之中可理解性的深邃。"之后他从心理学转到了实存哲学，因为在他看来："人仿佛是开放着的，人比他所了解的自己以及所能了解的自己要多得多。"

雅斯贝尔斯希望将任何一个历史上的事件都转化为当下的事件。在他眼里，历史并不是一堆僵化的死材料，作为主体的人会不断让这些材料说话，跟这些材料对话，在当代的语境下创造一个契机去激活之前的死材料，这就是他的"主观心理学"的方法。我觉得这种方法非常现代，因为现代艺术对于参观者的要求非常高，参观者不再是作为主体的身份来审视作为课题的艺术品，而是要参与其中，共同创造一个场景。参与的程度越高，说明这一艺术品越成功。

在雅斯贝尔斯之前，黑格尔认为耶稣基督的诞生理应是世界的轴心。而雅斯贝尔斯所谓的"轴心时代"，是指从公元前800年到公元前200年，但是他又指出历史应该是一种实证的和经验的科学。他发现在中国，人们在春秋战国时期发现了"道"，在印度有"Brahma"（梵天），在西方有"Logos"（逻各斯）。雅斯贝尔斯把这种意识称作"人之存在"（Menschsein），人作为一个整体的存在，也就是人性。他认为这一时期的人类开始从一种实体性思维转向一种超验思维。我们看到一个东西，不能只是把它作为一个客体来思考，而是通过它指向某一个东西，这就是"超验"。雅斯贝尔斯认为，这一时代在中国、印度和古希腊所产生的宗教和哲学才是世界的轴心。

雅斯贝尔斯认为，轴心时代有四个非常重要的人物：佛陀、耶稣、苏格拉底和孔子。他用了一个词，德文叫"Maßgebende Menschen"（给予尺度的人），我将它翻译成"范式创造者"。"轴心时代"产生了中国、印度和古希腊三种宗教和伦理价值的体系，一直没有中断并且在20世纪仍在发挥着作用，继续传递着传统文化的精神命脉的，仅有儒家思想。正是经轴心时代后形成的价值系统才能成为两千年来中国人的身份认同。

雅斯贝尔斯在《大哲学家》中说："他们对所有的哲学都产生过特别重要的意义……他们鹤立于所有其他的哲学家之前

和之外，因为哲学家一词乃是普通意义上的所指。"

雅斯贝尔斯的传记作者、他生前的秘书萨纳尔将雅斯贝尔斯的思想的全部路径概括为：从心灵到精神，从精神到实存，从实存到理性，从理性到世界。这基本上可以概括雅斯贝尔斯一生的哲学了。

教育是人与人精神的契合

1901 年雅斯贝尔斯在奥登堡的文理中学读高中时，成绩一般且有叛逆心理，他对当时的教育制度极端不满。诺贝尔文学奖得主赫尔曼·黑塞有一本书《在轮下》很能反映当时德国教育的情况。小说里有一个人物汉斯·吉本拉德，是一个特别有活力、有想法的年轻人，但是后来被教育逼死了。赫尔曼·黑塞本人的经历和这个差不多。

教育的本质是什么呢？雅斯贝尔斯认为，教育不可能是作为主体的教师对作为客体的学生进行的灌输，教育是人与人精神相契合，文化得以传递的活动。教师和学生之间一定是主体间的关系，而不是主客体之间的关系，不是灌输和被灌输的关系。

我与你的关系是人类历史文化的核心。雅斯贝尔斯自己的一个经历有助于我们理解这段话。在他的高中毕业典礼上，校长施坦沃特让 18 岁的雅斯贝尔斯用拉丁文演讲，他拒绝了。雅斯贝尔斯认为这种事先准备的演讲对于听众是一种欺骗。丢了面子的校长最后对雅斯贝尔斯说了一句话，让他一辈子都难以释然。校长说："您将一事无成，您在身体上有毛病。"

"人与人的交往则是双方（我与你）的对话和敞亮"，雅斯贝尔斯这里所说的"你"（Du）当然是从德文中所指涉的"上帝"那里来的。大家可以从马丁·布伯的《我与你》这本书里看得比较清楚。雅斯贝尔斯特别强调，如果你用一种主客体的关系来看一棵树，那么你永远跟这棵树建立不起对话关系。但是有一天你改变你的方式，变成了两个主体间关系的话，你就可以倾听树的声音，可以感受到树的感情。

雅斯贝尔斯认为，所谓教育不过是人对人的主体间灵肉交流活动（尤其是老一代对年轻一代），包括知识内容的传授、生命内涵的领悟、意志行为的规范，并通过文化传递的功能，将文化遗产交给年轻一代，使他们自由地生长，并启迪他们的自由天性。他的《有关我的哲学》里有一章的标题是"化传统为己有"（Aneignung der Überlieferung），这个过程不仅仅是教授知识的过程，更重要的是激活传统，使传统变成当下的一个过程。

年轻人在获得传统知识的过程中实际上是在不断地和传统进行对话，同时参与传统的重构中去。对雅斯贝尔斯来讲，他从来不认为一堆死的历史文献对于年轻人是有意义的，但是如果用另外一种方式来看待，这些材料就会变成当下，主体间的关系就代替了主客体之间的关系，超越了主客体的分裂。他抨击现实社会中忽视人、压抑人的现象，认为"仅凭金钱人们还无法达到教育个人的目的，人的回归才是教育的真正条件"。

比较有意思的现象是，关于雅斯贝尔斯的教育哲学，在德语文化圈里很少有人研究，但是在东亚却有很多人关注。雅斯贝尔斯还在世的时候，日本已经将他的大部分重要的著作翻译成了日文。关于教育，有两本署名雅斯贝尔斯的著作。但这本《什么是教育》，并不是雅斯贝尔斯生前出版的一本书，而是在他去世后，由霍恩教授于 1977 年将雅斯贝尔斯有关教育的论述编辑出版的。《大学的理念》是雅斯贝尔斯的一部很重要的论著，他生前两次修订出版。大学的本质是什么？雅斯贝尔斯认为，大学是一个超越国家的观念。这意味着在哲学上，大学是一个教授普遍真理的地方，是教授人类的共同知识、共同经验、共同哲学、共同伦理的地方。第一次世界大战爆发的时候，当时英国的大学和德意志的大学成了表达所谓爱国和效忠的阵营。雅斯贝尔斯认为，这是他当时最大的失望之一。

人是"统摄"：真正的教育是自我教育

雅斯贝尔斯认为，人是永远不可能被穷尽的，这实际上是实存哲学最重要的一个观念，即人不可以被定义。人一旦被穷尽，那他只能是作为客体的存在。因此雅斯贝尔斯认为，人是一个无所不包的"统摄"（das Umgreifende），是实体、一般意识、精神和实存形式的组合。

而对于这样一个无所不包的"统摄"，教育的目的，就不是培养某一方面，或者具备某种技能或意识的人，而是促进人之所以为人的全面发展，也就是孔子所谓的"君子不器"。1954 年爱因斯坦回母校，在苏黎世联邦理工学院建校 100 周年纪念会上发言时，他讲了这样一句话："只有忘掉在学校所学的东西，剩下的才是教育。"

相应地，雅斯贝尔斯认为教育过程有三个方面：教育是师生间的交往过程，交往中双方都是自由的个体和主体；教育过程也是整体精神成长的过程，它首先是师生共同参与和提升的精神生活，然后才成为科学获知过程的一部分；教育还是个体自我教育和自我存在实现的一个过程。雅斯贝尔斯一直认为，真正的教育是自我教育，教育的过程是让受教育者在实践中自我练习、自我学习和成长。"教育帮助个人自由地成为他自己，而非强求一律""不要追随我，而追随你自己""教育只能根据人的天分和可能性来促使人得以成为人，教育不能改变人生而具有的本质""教育的目的在于让自己清楚当下的教育本质和自己的意志，除此之外是找不到教育的宗旨的"，等等，这些论断充分显示出他认为教育是个体自我教育和自我存在实现的过程。

在教育方法论层面，雅斯贝尔斯认为迄今为止存在三种教育方法：第一种是经院式的教育，以知识教授为中心，基本上只有死记硬背，教师只是作为解释者和知识传授者；第二种是师徒式的教育方式，教育的中心是教师，教师是知识和权威的象征，学生只能被动地依从教师而不需要有个性；最后一种就是苏格拉底式的教育，在教育过程当中，师生平等参与讨论，并不存在所谓的权威与中心。师生双方都要进行自由的思考、善意的对话和讨论，无趋从和依附的现象。雅斯贝尔斯认为只有最后一种教育方式才是正当的。

关于教育的内容，雅斯贝尔斯认为，关键在于要选择完善的教育内容并尽可能使学生之"思"不误入歧途，而是导向事物之本。他认为人类的发展有三个层次：第一个是对世界的认识，是科学的认识，属于主客体之间的关系；第二个是对实存自身的体验，这是主体之间的关系；第三个是对超验的领悟，这个是宗教，或者用雅斯贝尔斯的说法，是哲学的信仰。相应地，个体要实现自我而成为完整的人，就必须实现这三个超越而接受三个方面的教育：超越现象世界，完成科学教育；超越实存自身，完成哲学教育；超越精神之自我，实现哲学信仰或曰宗教教育。科学教育是基础，基本上是探索知识的过程；而在哲学教育里，雅斯贝尔斯所强调的做哲学，实际上是一再问为什么的过程；而所谓的哲学信仰，实际上是宗教教育。雅斯贝尔斯认为，人还没有强大到可以不依赖宗教来生活。

雅斯贝尔斯谈到很多对教师的要求，其中最重要的一条是爱学生，要对学生进行引导，跟学生进行交流。如果我们认定教师和学生之间是主体之间的关系，那么苏格拉底式的教师就非常重要。教师要有独立的见解和追求，雅斯贝尔斯认为一个教师根本不应该做传话筒，他希望每一个教师都有独立思考的能力，有一定的价值判断，这样慢慢使学生学会思考。教师不能使学生满足于能复述和理解自己所说的和所思考的事物，而应使他们具有怀疑精神和自我意识，使他们去认识自己，探索自己的内心世界，谋求自我发展的方向。

雅斯贝尔斯的教育哲学实际上是他的实存哲学的延伸，不了解他的哲学整体，很难理解他对教育的论述。反过来，理解他的教育哲学，也有利于把握他的哲学整体。由于雅斯贝尔斯特殊的人生经历，他对教育的思考并非仅仅出自象牙塔的想象，因此这些真知灼见除了理论上的意义之外，也有很多现实的意义。

我还想强调的另外一点是，雅斯贝尔斯是一个真正的世界公民，他晚年感兴趣的是世界哲学。除此之外，在他的哲学中还有诸如世界历史、世界政治、世界定位、世界意识等概念，这些概念的使用，意味着他从来不把教育看作是某一个民族的事情，他也不把大学看成是德意志复兴的希望。他没有一种狭隘的民族主义或欧洲中心主义的观念，因此才一再使用"世界"这个词，从而打破民族国家的界限，并且将教育置于广阔的相互关系的情境之中来理解和考察。这是需要提醒我们格外予以关注的。

百年折叠：杜威哲学与中国教育的现代化

储朝晖

传统的认识论是静观的、主客分离的，而杜威提出了探究型认识论，认识活动是动态的、实践的、主动的、主客统一的。杜威理解的世界，既有充沛、完整、条理、可以预见的规律性，又有独特、模糊、不确定的可能性，以及尚未成形的过程性。如此，杜威认为"教育在它自身以外没有目的；它就是它自己的目的"。

值此杜威来华百年之际，中国教育科学研究院研究员储朝晖先生受《優教育》杂志社之邀与众教育人从"经验"讲起，重新捡拾中国教育现代化的得与失，探寻教育变革的"行"与"知"。

经验的活用是理性

西方哲学有一条主线，从苏格拉底、柏拉图、亚里士多德到康德，但是到了杜威，却发生了很大变化。

1919 年，胡适在《实验主义》一文中写道："杜威在哲学史上是一个大革命家。为什么呢？因为他把欧洲近世哲学从休谟和康德以来的哲学根本问题一齐抹煞，一齐认为没有讨论的价值。一切理性派与经验派的争论，一切唯心论和唯物论的争论，一切从康德以来的知识论，在杜威的眼里，都是不成问题的争论，都可以'不了了之'。"

苏格拉底、柏拉图讲教育时，以建立理想社会为主要目标。到了康德、赫尔巴特，主要强调系统的逻辑体系。受传统西方哲学的影响，很多哲学家都认为存在着一个超于经验之上的并主宰经验的"理性"。杜威却指出，我们用不着康德们捏造出来的那个理性。经验的活用，就是理性，就是智慧，此外更没有什么别的理性。

杜威所说的经验是具体的人的经验。人的"经验的过程就是生活；生活不是在虚空里面的，乃是在一个环境里面的，乃是由于这个环境的"。

如何获得人的经验呢？

近代一个突出的特征就是科学的发展。如果让经验、行动更有效能，儿童须掌握科学的思维方法。从问题的提出到问题的解决，杜威总结出五个步骤，即建议、问题、假设、推理、验证。从"五步法"类推出"以解决问题为中心"的教学过程：第一，学生要有一个真实的经验的情境；第二，在这个情境内部产生一个真实的问题；第三，他要占有知识资料，从事必要的观察，来对付这个问题；第四，想出解决问题的方法；第五，通过应用来检验自己的想法。

杜威所强调的科学精神有别于科学知识的学习。他不是孤立地、过于抽象地看待事物，而是倾向于把人所面临的种种处境看作一个个问题。科学的任务就是仔细观察分析构成这些问题的种种因素，理性地综合考量，从中求得解决问题的思路，然后在行动中加以验证，尽可能做到精益求精。因为人所面临的处境中总是问题繁多，真正讲求科学的人至少在方法上片刻也不可以松懈，必须密切观察分析，密切关注行为的后果，这样才有可能使自己的经验达到相对圆满的程度。

这种理论不同于柏拉图，却类似于朱熹的理学，即强调提升人的判断和决策能力，而不注重知识积累。在杜威看来，民主是人类唯一的、终极的理想。教育和公民社会是实现这一理想的重要途径，从而培育慎思明辨的智慧，保持文化的多元性。反映在教育层面，我们不能仅仅去提高某一个人的能力，而应该让所有人的判断和决策力都能获得提高。

教育基于哲学的爱智慧

杜威在《经验与教育》的最后一章说，要使教育成为真正的教育，极有必要建构"一种合理的经验哲学"。"经验"包括个体主动"尝试"和被动"承受"的过程，是一个探究尝试和接受结果的过程。《大学》讲到"大学之道，在明明德，在亲民，在止于至善"，我们到底有没有"止于至善"呢？实用主义哲学家皮尔斯曾说："在思考事物时，如要把它完全弄明白，只须考虑它含有什么可能的实际效果。"杜威的教育哲学反对观念与效果分离，主张用效果检验观念。一个观念是否有意义，主要通过行动或经验来检验，而不是靠过去的权威或传统。杜威曾说："如果我们愿意把教育看作塑造人们对于自然和人类的基本理智和情感的倾向的过程，哲学甚至可以解释为教育的一般理论。"杜威曾说，没有哲学，教育活动就缺少了一个基础。教育是一个实验室，哲学上的种种特点可以在这里塑造并得以检验。

所以，教育不仅指具体知识的教学，还要基于哲学的爱智慧。"任何开明豁达、敏于接受新的感觉，并且专注认真、负责任地把新的感知贯通起来的人，就拥有哲人的性格。"爱智慧的态度则为"拒绝孤立地看待任何事物；尝试把行为放置在其背景之中，因为背景决定着它的价值"。杜威还从哲学层面强调教育的社会关系。教育不是孤立于社会的，它应该与社会直接相关。教育是最稳妥的社会进步途径，而"学校本身必须是一个共同体，因为人对社会的感知及其兴趣只有在真正的社会性介质中才有可能培育起来。在这种介质中，人们为了构筑共同的经验，必须有所妥协和忍让"。"我们不要一个与生活割裂开来，专门用作学习功课的所谓学校；我们要的是一个小型的社会群体，在这里，学习和成长自然发生，伴随着当下共同分享的经验而来。操场、商店、工作间、实验室不仅吸引着年轻人天生好动的倾向，而且包含着交往、交流和合作等环节——这一切都会使学生对于事物之间的相互关联有更为深广的认识。"环境在杜威的哲学中具有很高的地位，经验就是有机体与环境的互动。环境包括自然环境和人文环境，有大环境，也有小环境。他觉得，成年人要想审慎地控制未成年人，必须对未成年人生长的环境有所了解。

在创办芝加哥实验学校时，杜威把学生按年龄分成十一个班级，学校为每个阶段、每个班级安排了不同的活动环境、课程的教学方法。一个理想的学校需要为学生提供相互协调的、真实的、具有教育意义的经验，让学生对其所生活的世界形成一个直观认识。如果学校与社会相互隔绝、彼此孤立，便是极大的浪费。

虽然，杜威强调教育即生长，生长即教育的目的，但在宏观目标上，杜威要实现的是民主。民主不只是政治的概念，更是生活的概念；不仅是政府的形式，更是一种联合生活的方式。教育和公民社会是实现这一理想的重要途径，杜威最关注的也是怎样培养孩子建构一个理想社会。

如果把民主作为一种生活方式，就涉及共同体的概念。人们参与一种有共同利益的事，每个人必须是自己的行动参照别人的行动，必须考虑别人的行动使自己的行动有意义和方向，这样的人在空间上无限扩大范围，就等于打破阶级、种族和国家之间的屏障。这些屏障使人看不到他们活动的全部意义。

从唯理论转向经验论

杜威是对中国现代教育影响最大的西方思想家，而在杜威所影响的国家中，影响最大的又是中国。

杜威来华前，中国已经通过新文化运动接触到一些国外的教育流派。一是源自德国乃至欧洲的唯理论，翻译的书有《埃氏实践教育学》《欧洲教育史》《格氏特殊教育学》《独逸教授法》。受此流派影响的教育家以蔡元培为代表，他们通过冯特受到康德哲学思想的影响，教育理念上受赫尔巴特影响。二是源自日本，主要通过留日学生、聘请日籍教师传播，包括王国维翻译和所著的《教育学》，其源头仍是德国，但结合儒家、佛家学术及日本文化做了改造，接近中国传统文化，更容易被中国人接受。

1919年5月3日，杜威到中国之后的第一场讲座在江苏省教育会举行，讲题是"用平民主义做教育的目的，用实验主义做教育的方法"，黄炎培主持，陶行知组织，蒋梦麟翻译。受此影响，北京高等师范学校师生联合组成平民教育社，创办社刊《平民教育》，认为教育的改良是一切社会改良的根本，提出平民教育就是"教国民人人都有独立的人格与平等思想的教育"。

在华期间，杜威试图让五四时期暴怒的中国青年冷静下来，1919年5月18日，杜威在南京高等师范学校演讲"真正之爱国"，5月25日演讲"共和国之精神"。演讲中，杜威对3000余青年人进行了理性忠告。他希望中国不蹈阶级战争之覆辙。他重视蓝领阶级的利益和教养，但不鼓动蓝领阶级去掀翻整个旧世界。他认为平民主义政治的两大条件是：一个社会的利益须由这个社会的所有成员共同享受；个人与个人、团体与团体之间，须有圆满的自由的交互影响。

在高等教育领域，郭秉文在东南大学践行杜威教育思想，让这所大学很快成为中国当时实力最强的大学；张伯苓在南开大学的实践以及蒋梦麟与胡适在北京大学的实践也都以事实证明了杜威教育思想是较为有效的。蒋梦麟坦言："杜威的著作、演讲以及在华期间与我国思想界的交往，曾经对我国教育理论与实践发生了重大的影响。"在基础教育和社会教育领域，陶行知和陈鹤琴不仅大力传播、实行，还进行了实验、创造。

1919 年 10 月，杜威参加了在太原召开的全国教育会联合会第五次年会，在这次年会上修改学制是重要议题。1922 年 11 月 1 日以大总统的名义颁布《学制改革案》，在新学制的制定过程中，强调了七条原则：适应社会进化之需要，发挥平民教育精神，谋个性之发展，注意国民经济力，注意生活教育，使教育易于普及，多留各地方伸缩余地。新学制第四条规定："儿童是教育的中心。儿童个性的发展，在创立学制时，应予以特别注意。嗣后，中等和高等学校，必须实行选科制。所有的小学，编级与升级必须实行弹性制。"

杜威回美国以后，继续以中华教育改进社为平台影响中国。很多中国的教育家包括张伯苓、蔡元培，还有北京高等师范学校校长等人认为中国教育不切实际，他就推荐孟禄来中国。孟禄来华后 30 年，杜威理论在中国一直稳占主流，大学的教育学课程和师范学校的教育学教科书几乎都是以《民本主义与教育》为蓝本，辅之以设计教学法和道尔顿制构成一个体系。

由此，中国教育学从唯理论转向经验论，一改因循守旧、故步自封，在学校制度、课程内容、教学方法等方面进步迅速，迈上现代化台阶。

思想的"磨砺器"

杜威来华的资助者和从前的学生都希望他能推动中国教育现代化。实际上，他在中国各地讲演的内容远超这个范围。他的平民主义主张男女平等、种族平等、不同信仰平等、文化多元、政教相对分离，在不伤及共存的前提下尽量扩大人的自由，最大限度避免使用暴力，这是改造中国近几千年的等级社会，也是人类进步的大趋势和大潮流。

与当时众多中国人与儒家传统激烈对立，高喊"打倒孔家店"，放弃一切传统价值不同，杜威对中国传统文化中的儒家和道家抱温和、理性的批判态度。他在《新共和》与《亚细亚》两本杂志上发表几十篇文章，除肯定民主与科学的方向外，在某种程度上也有为中国传统文化辩护的意味。

"儿童中心论"几乎与中国数千年坚守的群体本位论相反。在他的学生宣扬与儿童中心相一致的"个人主义"遭到围攻时，杜威在天津演讲"真的与假的个人主义"，认为个人主义有两种：一种是假的个人主义或为我主义；一种是真的个人主义或个性主义。真的个性主义"一是独立思想，不肯把别人的耳朵当耳朵，不肯把别人的眼睛当眼睛，不肯把别人的脑力当自己的脑力；二是个人对于自己思想信仰的结果要负完全责任，不怕权威，不怕监禁杀身，只认得真理，不认得个人的利害"。

在解决当时中国社会与教育问题上，杜威的基本立场是中西结合，依据"适合不适合"的原则加以选择，而不是不少中国人学习西方知识后主张的以西反中。他一直强调在某个条件下做的这一种选择，而不是说就一定做山某个选择，这让他的哲学和教育思想有比较强的普适性。所以，我们不要把杜威的书当成标准答案，杜威对教育人的主要作用在于激活思想，他就是一个思想博弈的工具，就像一块磨刀石。

无论是赞成还是反对，相信还是怀疑，批判还是维护，中国教育现代化的过程当中必须有杜威的相伴，没有杜威，中国教育就不完全、不充分。

学做人中人，创造理想社会——陶行知和他的《中国教育改造》

储朝晖

身处民族命运多舛、波澜跌宕的 20 世纪初叶，行知先生济世情怀的主线是："人民贫，非教育莫与富之，人民愚，非教育莫与智之。"他坚定地选择通过教育来改善社会，以培养乡村教师为载体，希冀实现改造一百万个乡村的宏愿。学陶、师陶、研陶、践陶，对当下教育依然可资借鉴。

止于人民之幸福

1928 年，陶行知在首次出版的《中国教育改造》一书中强调：教育最关键的就是爱，以爱为基础，推己及人。他说这本书是送给母亲的寿礼，不仅送给他的母亲，还是送给天下所有儿童。他在书中旗帜鲜明地提出：要用实验主义改造中国教育。同时他也指明实验主义最关键的是要实验，它是改进教育的方法，平民主义是教育的目的。

他把中国传统教育称为"吃人的教育"。"吃人"有两种：一种是吃别人，爬到一个更高的位置剥削别人；另一种是吃自己，让自己变得没有正常的思考能力和思想，甚至让身体也受到伤害。"止于人民之幸福"是陶行知一生的目标。他对《大学》做了修改，将"大学之道，在明明德，在亲民，在止于至善"修改为"大学之道，在明民德，在亲民，在止于人民之幸福"。在他看来，光明的"明德"只有统治者才能确立，而人民的"民"就是老百姓决定的。"亲民"就是与老百姓平等，亲近老百姓，这又与前面的"爱"直接相关。为何将"止于至善"改成"止于人民之幸福"？因为至善的目标依然不是普通老百姓能够确定的，掌握绝对权力的人才能确立何为"至善"，"人民之幸福"则是由民众的满意度来确定。

陶行知思想体系最关键的就是教人做人，创造理想社会。"做人"首先强调"做主人"，不能做奴隶；要做真人，说真话；做人中人，不做人上人，也不做人下人。

他心中寄望的理想社会，是一个民主、科学、富裕、平等互助、爱满天下、"五生"（少生、好生、厚生、贵生、共生）的世界，充满真善美，自己拥有自己。

围绕教育，所教、所学、所探讨的都应该是为了人民的幸福，他据此修改了"大学之道"。他相信，中国将来是民主的，所以他（至少在20世纪30年代至40年代）用了大量精力推动民主，民主不是一个抽象概念，而是一种生活方式。随后他所倡导的生活教育理论，就是要改"吃人"的教育，变为生活、生命的教育。

教育是生活相对于时间的函数

在古代，生活与教育是融为一体的，后来两者分离。工业革命发生后，大家又认为要结合，但当时的结合主要指具体的生活技能。很长时间里，中国和欧美的教育都是念经书——中国念"四书五经"，欧美念《圣经》，脱离了实际生活。而生活教育就是要"把教育展开到生活所包含的领域，把生活提高到教育所瞄准的水平"。

他的生活教育理论内涵共有五个层次：一是具有特定含义符号的"生活即教育"；二是教育教学课程论；三是一种教育方法——实验主义（最有效的教育方法）；四是教育教学原则；五是生活与教育关系的原理。

从更高层次看，"生活即教育"本身就是一个原理。如果画个简易图，更能理解这一点（图1）。E是教育，L是生活，在理想状态下，线P是45度角的直线。这种状态在现实中有几种变形：一种是只有教育没有生活；一种是只有生活没有教育，即线P可能贴到生活，也可能贴到教育。现在很多独生子女的问题在于只有教育没有生活。

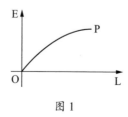

图1

"生活与生活摩擦才能起到教育的作用。我们把自己放在社会的生活里，即社会的磁力线里转动，便能通出教育的电流，射出光，放出热，发出力。"教育场的特性可以用场强描述，假设有一个标准的受教育个体 m，其在某教育场中所受的教育为 E，则该教育场的场强 Q 可表示为：Q=E/m。不仅是学校，企业或者其他机构、社会公共场所、社区也都可以应用这一原理。看教育场的场强有多少，其要点在于增加流量。这就矫正了狭义的学校定义，是对形式化、制度化学校范畴的解放。

生活教育理论最关键处在教学做合一。教学做合一与中国传统思想、与人类现在的需求直接相关。陶行知用英文表达生活教育的内在逻辑，他将林肯的"of the people, by the people, and for the people"做了教育性的改变："of the life, by the life, and for the life"。这就是生活的教育，用生活来教育，为生活向前向上发展的需要而教育。教育是生活相对于时间的函数，教育的根本意义在于社会的变化。

假如生活有变化了，我们有没有变化？如果我们的生活没有变化，那么生活教育到底是什么？肯定不是简单地说，"我生活了，好像就教育了"，我们要追求改进变量的变化。

教育是包含教、学、做的一个函数，可以用 E=f（J，X，Z）来表示。教和学都以各自的形式最终决定做，而做又受制于教和学，教、学、做三方面组成一个完整的统一体，这就是教育（E）。

传统的教育重教轻学，或者说只有教、学没有做。陶行知对此做了新的定义——"在劳力上劳心"。我看看书再去干体力活不是教学做合一，只有在改进劳力上想点子，用心制力，才是"在劳力上劳心"。他强调的"做"的内涵是新工具的发明与新价值的产生。

生活教育设定的目标包括五项内容：健康的体魄，劳动的身手，科学的头脑，艺术的兴味，改造社会的精神。这五项合起来，称为"生活力"。拥有生活力的基础才能做人，人要有生活力，要创造理想社会，两方面合起来，就是前面归纳的：教育是教人做人，创造理想社会。

反观现在的教育，偏重教学生考试的知识，过于狭隘，连科学的头脑都算不上。

而教育是什么意思？简单来说，教育是生活相对于时间的函数，它是个体能量在环境当中的积累。举一个具体的例子：一个人在成长过程中有许多复杂的特征，如自然（A）、社会（S）、情感（M）、智力（G）等。在此期间，情感有高峰有低谷，总体而言青春期过后就会平缓。虽然人的记忆力到一定年龄会下降，但人的智力却会不断提升。在社会层面，人的社会力通常也会上升，当然也有例外。

生活教育的哲学轮廓与机遇

陶行知的生活教育理论自然有其哲学源流：一是传统的中国知识，包括孔子、王阳明等人的思想；二是强调尊重天性的卢梭的思想（除卢梭以外，他还受到裴斯泰洛齐、杜威等人的影响）。

基于这两方面的思想传统，陶行知提出他的理论：

认识论——强调"行以求知知更行"，循环往复，不断往前推进。

本体论——以人为本，满足人的生活向前向上发展的需要。

价值论——人民第一，强调民主、自由、创造。陶行知提出人民至上，但是和中国传统的群体主义社会本位不同，他强调尊重个体，让个体能够实现其社会价值。另外，他注重在物质基础上追求高尚的精神，要"生利"，这也是对传统观念的创新性发展。

他主张的价值体系是在求真（知识）的基础上求善（价值），培养合理的人生，追求真理做真人，反对以价值替代真理。如果一个人的知识不完整，可能很难确保其价值正确。价值观应该建立在多样选择、分析判定的基础上。建立在知识基础上的信，要求对事物有更加全面、更加深入的了解，否则人们不会赞同这种信。

除了平民主义的教育目的论、实验主义的教育方法论，陶行知的生活教育还有一个哲学维度：用四通八达的教育来创造四通八达的社会。

为什么叫四通八达？因为中国社会或者其他社会都分了纵的阶层与横的隔阂，四通八达的教育意味着追求平等、开放。中国的农村和城市有差距，在贫困地区投入精力的行动，就是为实现这样的目标：用四通八达的教育来建立一个四通八达的社会。这是陶行知的重要目标。

生活教育的机遇在于发现并解决问题。这些年我做陶行知的文本研究，但主要精力是放在教育实践上，如大学教育。大量调查后，我发现中国大学最关键的问题有两个：一是丢心失魂，大学精神没有了；另一个是杂乱无章，现代大学制度没有建立。因此我在高等教育方面集中大学精神和现代大学制度，借用陶行知的观念解决实际问题。

要理解陶行知的观念，不一定需要天天看书写论文。有个词叫"一本多枝"或"一本多末"，人能够发展的方向、结合个体实际能做的事多种多样。但更关键的是，我们都认同生活教育的基本原理，并用它作为做事和解决实际问题的指南。

我所亲历的民国教育

资中筠

我5岁入学，到初中毕业只有13岁，正是在这个阶段养成的各种习惯和思维方式，成为我一生的关键素养。我们那时叫学"做人"，现在叫形成了"价值观"。当然那时中国80%以上都是文盲，能够有机会读书进入学校的人还比较少，而且主要集中在城市。农村连像样的小学都很少（虽然有些私塾性质的学校，但质量不高）。大多数人由于各种原因，高中毕业就去工作了。当然，办学的水平也参差不齐。

所以我自认为是幸运的，从小学到中学到大学都上了最好的学校，而且学业没有中断。要知道，由于抗日战争的爆发，太多人颠沛流离。有一个同学从小学到中学毕业一共上了十个学校，一边逃难一边读书换校，就这样一直逃到昆明、重庆。为什么要说这些呢？就是说我接受教育的历程虽然不是特例，但也不是通例。这是一个大前提。

一

首先讲为什么要上学。很多人上小学是为了升入重点中学、重点大学，然后有个好工作。有些家长甚至认为幼儿园是人生的起跑线，已经决定终生了。这都是急功近利的目的论。我们那时上学就是读书，去学习如何做事做人——非常朴素的想法。

2011 年，为纪念辛亥革命 100 周年，新星出版社出版过一套民国初年出的小学教科书。虽然那时没有白话，全是文言，但我觉得将之译成白话，仍然比现在的教材好，因为中外古今最基础的知识都包含在内了。虽然这是民国元年的小学课本，我上学时已经不再用这套教科书了，但教育是有传承的，我的老师也是从这套教材里培养出来的。

这个教科书的第一页就是大写的"人"字。开始时我就想，一堂课讲一个字，能讲出什么来呢？上课时，老师先讨论了"读书的目的是什么"，就是"读书以明理"——首先要成为一个讲道理的人；然后讲，"人"分为老人、小孩，人的关系又分为爸爸、妈妈、兄弟姐妹、老师、学生等；再讲人的身份；最后整个贯穿起来，讨论共和国的国民与清王朝的臣民区别在哪里。

这是基本的公民教育启蒙，让每一个孩子都明白在家要敬父母，在学校要敬师长、爱同学。小学六年级下半年，就开始讲作为公民在社会里的义务和权利，包括如何通过法律保护自己，怎样开会，为何少数服从多数等。相当于把一套民主程序，用很浅显的话说出来了。因此，当时一个受过完整小学教育的人，他的基本观念或基本的人生观已经打下了基础，拥有了一定的知识面。

另外，编教材的人水平非常高，能够把很复杂的事情用简单的几百字讲清楚，包括古今中外的历史、做人的道德、现代公民观等这些都有涉及而且客观平等，并没有价值先行。当时的教育总长就是蔡元培。教科书不一定是他亲自编的，但是他找来的高手，贯穿的是当时他们这些人的思想。

我记得教材中专门有一节叫"大国民"。编者写到大国民不在于军队的多寡，也不在于政府的贫富，而在于其国民的行为是否可以大气包容，对外人不亢不卑。那时的中国，国家风雨飘摇，个人性命危如累卵，书中仍然强调国民自己应该拿出平等的、互相尊重的态度来对待外人。这是相当超前的。当然，课本也是根据儿童的知识水平和接受能力循序渐进的。相关的教师配套用书，也清晰明白地告知老师课程之宗旨、目标和操作策略——这些都是很现代的做法了。

二

我是在天津上的小学和中学。与现在不同，当时的天津是最发达、最繁荣、最西化的城市之一。我们住在英租界，包括市政建设、道路、交通规则、植被绿化都被管理得很好。我的学校是耀华学校，最早由英租界工部局创办。

英租界工部局是英租界的行政管理总部，租界里的华人有一些受过教育的名流，工部局也有"华董"。当时他们跟英国人提出：你们在这里收了税，应该为当地居民做出贡献。可不可以办一所学校呢？英国人答应了。这所从一年级到高中十二年的全日制学校，建筑质量非常优质，唐山地震时，天津受到严重影响，我们学校的楼体纹丝未动。教学设备也很齐全——一个中学就有自己的化学实验室、生物实验室等，还有室内体育馆，这在当时是很少见的。

1928 年，国民政府颁布教育政策，要求教育中国化，即所有外国人办的学校必须由中国人做校长进行管理。当时中国已经拥有了一批知识精英。于是这些学校就变成了中国的私立学校，由中国人组成董事会，但英国人也没有撤资。

耀华学校的学制完全按照当时中国国民政府统一规定。课程设置主张人的全面发展，最主要的课是国文、英文、数学、历史、地理、物理、化学，但其他比如生物、美术、音乐、手工劳作等也很完善。耀华学校对德育非常重视，每年每学期都给家长送分数单，上面注明平均分、国文分、英文分、数学分等，最后列出品行成绩，以甲乙丙丁评价。像我这种家庭，品行得乙是不可原谅的。学校里专门有一个主任管学生们的品德。当然不是说不能犯错误，但是欺负人、说谎、作弊，尤其打架，是绝对不行的。曾经有一个学期，我品行得了乙。母亲大怒，专门去向老师了解情况。其实是因为我跟同学在操场上打棒球，把一个球打到了屋顶上，一位同学搬梯子爬上房拿球，可能打破了玻璃，被校园工友发现了，所有参加的人品行都扣了分。可见管理比较严格。

体育也非常重要。那时没有"集体主义精神"这个词，但是大家在共同来做一件事情的时候，都知道合作是重要的素养。还有美育，开设图画、音乐等课程，从小学一年级开始教学唱歌，到三年级开始学五线谱，课外还有合唱团。

现在大城市在音体美等方面开展得好些，但我曾经问过很多乡镇来的学生，基本没有相关课程，连小说都不许看，甚至到高中还不许看戏，只能拼命做题。越是升学率高的"重点学校"越是如此，一切与高考无关的事都不许做。这样，即使将来考上大学，他们的知识面也非常窄。当然，现在教育普及了，有机会上大学已经是一个很大的进步。我进入清华大学时，学校只有3000多名学生，现在每个大学都有数万人。这个数量概念很不一样，不过教育的质量可能也不一样。

另外，我上课必须精力非常集中，因为家庭作业留得非常少，所有学生应该学到的东西，都是在课堂上听老师授课得来。一般来说，假如4点放学，我回家休息一会儿，先弹一个小时钢琴，然后做一个小时作业，绝对不会到吃过晚饭之后还在做功课。作业大部分是数学题，其他科目基本不留作业。父母定的规矩，到了9点就要睡觉。考试也不太紧张。记得有一年大考，前一天我还可以去看戏。玩的时间也很多，所以在学校从没有感觉到学习很苦，或负担很重。那时，课外书看得也特别多。我在中学时看过的书远远超过课堂上老师布置的书目。大家互相传好看的书，从武侠小说到现代文学，无论有名的还是没名的都看。

三

我的老师有几种，一种就是现在讲的民国期间的"名师"。我常常说，这一批人前无古人后无来者，一方面他们中国传统文化的功底非常深厚，考科举都没问题，像蔡元培、沈钧儒本身就是进士出身，即使是批评传统文化的鲁迅，功底也非常好，参加过科举也有名次。我没有赶上这一辈，但比他们年轻一点的，我在大学时赶上了。

另一方面他们还接受了西学，而且也不是浅尝辄止。如今，无论中学还是西学都浩如烟海，显然如何选择非常重要。由于这些人基础文化功底很深，有强大的辨别能力，因此吸收西学时也能取其精华。但后来，包括我这代人，虽然也读过"四书五经"，可旧学功底就没有那么深厚了。

还有一些默默无闻的中小学教育家和老师，很多也属于这一代，只是不太有名。

我上学时，那些老师们非常敬业，对学生负责，对教学的态度也极其认真。我之所以觉得学习是一种享受，很多时候都跟老师有关。像国文老师，除了教育部统一规定的教科书之外，每位老师都有自己的选读，有时他们选读的分量甚至超过教科书提及的内容。

再比如，在中学时我特别喜欢数学，成绩也算不错，其原因就是从初中一开始就有一个非常好的数学老师，他来自南开大学（那时南开大学毕业完全可以教大学，可见其专业功底非常厉害）。这位老师能够把枯燥的数字讲到引人入胜，使人感觉数学是非常美的东西，甚至有点像读悬疑小说，让人欲罢不能。我初中时觉得最好玩的一件事情就是证三角恒等式，兴趣大得不得了。

另外，我们一方面古文念得很多，但另一方面包括对西方新的学问、新的观念也不排斥，从未觉得从小学习的中国文化与西方文化有冲突，或者说认为中国道德修养"仁义礼智信"和西方的"自由平等博爱"有什么冲突。我想这跟家庭的熏陶有关，比如小时候见到家里的长辈们先要鞠躬，后来虽然学到西方的平等观念，但我们也没觉得需要反抗。当然也可能是因为中西文化观念的问题在上一代人时已经解决了，比如说巴金小说里表现出来的封建大家庭的压抑，到我们这一代已经没有了。他们经过争论批判，虽然没有一个明确的共识，但实际上在教育中已经体现出了兼容并包的概念。

所以，我们在享受到自由平等的理念时，过去那种应有的礼貌、规矩也保留了下来。区别只是有的家庭旧一点，有的家庭新一点。但是在整个基本观念上，至少在大城市中，冲突已经比较少，要用儒家思想来抵制外来文化这种想法更从来没有过。

四

再谈谈爱国教育。

因为从记事开始就受到日本的威胁，所以爱国是一个很自然的情感，"中华民族一定要振兴"这种理念一直存在。我们的民族自尊心也强，对崇洋的人是看不起的。比如当时外企叫洋行，在外企工作叫"洋行职员"，虽然工资高，生活好，但社会地位并不高，知识精英一般都不羡慕。

1937年"卢沟桥事变"爆发，国民政府军节节败退，国家面临救亡图存的问题，民族危机感日益紧迫。我们的小学校长赵君达是哈佛大学法学博士，非常爱国。本来他学术地位很高，先在北洋大学（20世纪50年代合并为天津大学）任教，但他下决心要按照自己的教育理念办一所完整的从小学到中学的学校，所以应聘到耀华学校当校长。"卢沟桥事变"之后，听命于日本的天津伪教育局，重新制定课本，并要求我们改。因为学校在英租界，日本人的势力进不来，校长坚决抵制，同时还接收了一些没来得及撤走的南开中学学生。日本当局对这两件事都不能容忍，不能公开施压，先寄子弹威胁他，他不为所动，结果有一天早晨散步的时候，他真的被两个特务打死了。

那天早上我的印象非常深，因为他家与我家住在同一条弄堂。早晨到学校后，课堂上大家鸦雀无声，班主任说，你们要永远记住这一天。

因此我们从小想到要为国家做什么时，首先是"我能够为它牺牲什么"。有一天，我母亲的一个好朋友到我家来哭诉，她在我们学校上高三的大女儿给她留了封信，说"华北之大，已经放不下一张书桌，这是民族存亡的危机，我有责任去抗日"，就出走了。我母亲安慰她说，这是你家教好，教出了一个这么爱国的孩子。那时富家子弟上前线去抗日的非常多，这种爱国情感完全出自内心，跟前期的公民教育应该有很大关系。

　　总结起来，在民国时期的教育有几个方面值得关注：一是中西文化基本上没有冲突；二是学习是快乐的；三是爱国教育非常自然。当然，我在当时属于情况背景比较幸运的，不过那些颠沛流离的同学也大多考上了大学，他们一路上课并没耽误学习。或者说，真正的老师只要有一个地方放一块黑板就可以开讲。这也是民族精神，或者说是中华民族的脊梁。

　　今天的情况已经不一样了。现在人人都可以出国，留学生也不算什么了。但是这种不急功近利的，去培养一个完整的人的教育精神，仍然值得回味和借鉴。

重造文明：民国教育家的思想力

—

傅国涌

　　各位教育界的朋友：下午好，非常荣幸，又一次来到伊顿纪德《優教育》思想力沙龙。

　　我一路走过来，发现会场外面到处都是这次教育创新年会的 Logo"未来"两个字，"未来"意味着"向前看"，可是今天我要讲的是"向后看"。在某些时候，"向后看"和"向前看"的目标却是一致的，都是向上看。因为只有仰头才能看到那唤起过康德惊奇和敬畏的星空，向上看是永远不会出错的。

　　这次的论坛在成都举办，我每每到蜀地来，就会自然而然地想起从蜀地走出去的李白。他的《将进酒》中的那句"君不见黄河之水天上来"是在追溯黄河的源头，而我们今天要谈的教育恰恰也是一种"追溯"。它是一个从现在追溯到过去，从前追溯到后的过程。

　　在李白写巴蜀——就在今天我们所站立的这个地方的

《蜀道难》中，他开篇就写道："噫吁嚱，危乎高哉！蜀道之难，难于上青天！"这里的"道"指的是"路"。对于"路"，鲁迅先生曾说过："其实地上本没有路，走的人多了，也便成了路。"我今天要改几个字："其实世上本没有道，求的人多了，也便成了道。"改"走"为"求"，改"路"为"道"，是因为我所理解的教育就是一种"求问"。从孔子、苏格拉底到夸美纽斯、杜威、泰戈尔和雅斯贝尔斯……古往今来，这些思想家、教育家，他们所苦苦追寻、求问的不正是教育之道吗？

我今天的演讲就由"追溯"和"求问"这两个词展开。

教育需要乌托邦的想象力

我想先求问的是教育何为，即教育做什么。我在2008年出版的《新学记：中国现代教育起源八讲》，追问的就是现代教育在中国兴起不足200年的时光，它的源头在哪里？它又是怎样展开的？这既是追溯也是展望，追溯的是遥远的过去，展望的是同样遥远的未来。我想起古罗马思想家、演说家西塞罗的话："教育的目的是让学生摆脱现实的奴役，而非适应现实。"我也想起日本明治维新时代的代表人物、思想家、教育家福泽谕吉，他在《劝学篇》开宗明义地提出"天不生人上之人，也不生人下之人"。

我非常欣赏这句话。可以说，教育就是围绕着这句话展开的：它首先就是为了养成人们的独立精神而存在的。日本早稻田大学校门外的石头上刻着该校创始人大隈重信的三大教育宗旨，第一条就是学问独立，因为学问不独立就发展不出独立的精神，独立是教育的起点。教育就是要将一个童稚、蒙昧状态的人养成一个独立并且有认识"真善美"的能力的人。真正的教育从来不是为了谋生而存在的，而是为了寻求人之为人的价值，是有限的人在无限的时间中求问无限价值的通道。

我也想到了印度诗人泰戈尔。他说，好的教育就是要让人有四个"获得"：获得知识、获得尊严、获得忠诚、获得力量。这四个"获得"掷地有声。人类的生命都是有限的，但我们生命中还有无限的一面，那就是我们的抱负、欢乐和献身精神。致力于教育可以成为一种抱负，从中也可以享受欢乐，但它也是一个人对于一个事业的献身。"职业"永远不能代替"事业"，它们的区别在于，事业是一个人可以拿生命去交换的，而职业仅仅是为了求生存而已。

爱因斯坦拥有20世纪人类最有智慧的大脑，他在12岁的时候就意识到大多数人终生无休无止追逐的那些希望和努力是毫无价值的。他在1922年获得诺贝尔物理学奖，在1930年说了这样一句话："在人生的丰富多彩的表演中，我觉得真正可贵的，不是政治上的国家，而是有创造性的、有感情的个人。""有创造性的、有感情的个人"，教育要培养什么样的人？比起"有创造性""有感情"这两个短语，其他的词语都暗淡无光。这就是爱因斯坦告诉我们的。在我们之外有一个独立于人类存在的巨大世界，它在我们面前就像一个伟大而永恒的谜，教育就是要去寻找，去求问这个"伟大而永恒的谜"。

美国哲学家威尔·杜兰特在他95岁时写了一本书《落

叶》。他讲到教育要完成三个目标：第一，通过健康、性格、智慧和科技控制生活；第二，通过友谊、自然、文学和艺术享受生活；第三，通过历史、科学、宗教和哲学理解生活。教育始终是围绕生活的，而不是超越生活的自说自话。

教育做什么？教育就是要把人类留下来的那些最美好的代代积累的丰富遗产传递给每一个人，如果这个传递中断了，文明就消亡了。我们生活在一个"知识爆炸"的时代，而比知识更重要的是智慧。教育探寻、追问的就是智慧。我们在每一天的课堂中所传递的知识只是一个工具，但传递知识并不是教育的目的。掌握了知识之后，我们要学会超越知识，寻求知识背后的智慧。"知识是骄傲的，因为它了解得如此之多；而智慧却是谦恭的，因为它不可能知道得更多了。"

英国哲学家怀特海说："生长的终极乃是更多的生长，教育的终极乃是更多的教育。"从这个意义上说，我觉得联合国教科文组织"国际21世纪教育委员会"说的这番话是对的："教育是一个必要的乌托邦。"人类是需要有形而上的追求的，不能停留在工具的、物质的层面。武汉大学老校长刘道玉写过一篇文章，题目是《教育需要乌托邦的想象力》。没有一种具有超越性、形而上的想象力，教育永远只是在地上爬，不能站起来，更不能长出翅膀飞。我相信这些人基本讲清楚了教育何为。

我向往的是古希腊先哲们垂范后世的问对，当然也包括孔夫子在内的华夏先哲们留下的典范，以及印度泰戈尔在大树下的沉思和孩子们的问对。还有民国从小学、中学到大学，诸位先生留下的精神血脉。我生也晚，不能与先贤同列，或坐在他们脚前聆听他们的声音，或与他们问对。但我无数次地想象过美好的教育场景，真实的日常课堂应该是什么样的。最重要的无非就是师生之间的问对是否带着生命气息，能不能将人带到一个更高、更远的精神世界。

这个世界是由千百年来一代又一代的人类之子，用毕生心血浇灌出来的，在长久的岁月中慢慢沉淀下来的，它跨越东西方不同的民族、不同的肤色乃至不同的宗教信仰。这是我想回答的第一个问题：教育何为？也是从古人到我本人的一点体悟。

得寸进寸的低调理想主义者

民国教育家有这么几个群体。第一个群体是留日学生，留学日本归国的这一批人中有最早成为教育家的范源濂先生、林砺儒先生、金嵘轩先生。

晏阳初先生、陶行知先生、胡适之先生、竺可桢先生、陈鹤琴先生这些留美归国的人在"五四"前后回国从事教育事业，慢慢成长为具有影响力的教育家。

第三个民国教育家群体是中国的教会学校出身的。马相伯先生，晏阳初先生——他既是留美归国群体中的一员，也曾是四川阆中中国内地会创立的西学堂的学生。著名教育家陶行知先生是教会中学、教会大学出身，他先是毕业于南京的金陵大学，就是今天的南京大学，然后留学美国成为杜威的学生。在罗家伦、梅贻琦之前，有两任清华大学校长都是上海的圣约翰大学出身。

同时，还有一批出身于国内新式学堂的教育家，比如北洋水师学堂的张伯苓，他在成年以后去了哥伦比亚大学进修；王培孙是南洋公学师范科的学生，叶圣陶是苏州草桥中学也就是今天苏州中学的学生，王人驹是浙江第十师范学校毕业的……正是这些来历不同、出身不同的学生，构成了多姿多彩的民国教育家群体。

我想起蔡元培先生在《自写年谱》中的回忆，他和留日回来的范源濂先生之间有过一次辩论。范先生认为，小学没办好，怎么能够有好中学？中学没办好，怎么能有好大学？所以我们第一步，当先把小学整顿。而蔡元培说："没有好大学，中学师资哪里来？没有好中学，小学师资哪里来？所以我们第一步，当先把大学组建好。"把两人的意见合起来，就是自小学乃至大学，没有一方面不整顿。如今，我们可看见这个整顿还未完成，还是进行时。

但是我看到，在民国的教育家群体中，王培孙先生从1900年开始办学校，办成了上海最好的私立南洋中学，他为了做校长拒绝出任苏州县县长，甚至拒绝做教育次长，今天很难再找到这样的人。但在那个时代的人们就有这样的理想主义。1904年，张伯苓在天津创立"私立中学堂"，这个学校后来成了著名的南开中学，他也曾有机会担任教育总长、天津市市长，可他都拒绝了，因为他认为成为一名教育家比成为一名官员更有价值。

我在这些人身上看到的共同点，就是低调理想。低调理想是教育家的，高调理想是革命家的。革命家要用急风暴雨般的革命、雷霆霹雳的手段，一夜之间移山倒海，但教育家做不到，教育家是润物无声，春风化雨，他们得寸进寸，而不是得寸进尺，更不是得寸进丈。

我概括了民国教育家身上的三个特征：低调、可持续、建设性。

他们的建设性体现在大处着眼，小处着手。即使一个小学校长，也可以成为一个顶呱呱的教育家。在那个年代出现过这样的情景：1933 年 7 月，南京中央大学实验小学部进行了一次问卷调查，共有 110 个家庭接受调查，在最后一题"个人将来的志愿及你的父母对于你的希望"一栏中，希望成为教育家的有 21 个，高居首位；父母希望孩子成为教育家的有 29 个，远远高于政治家、企业家、工程师。可见在那个时代，成为教育家是父母和孩子共同的期冀，这也正说明了教育家赢得了广泛的尊敬。

一幅审美的教育画面

1912 年蔡元培成为中华民国第一任教育总长，他提出《对于教育方针之意见》。他在其中特别引入美育的概念，这个概念是破天荒进入中国教育的，开启了一片新天地：不仅图画、唱歌、手工、游戏是美育，历史、地理、算学、物理、化学中也触及美育。五年后，他任北大校长，又提出《以美育代宗教说》，以后他又多次发表文章和演讲，不遗余力地倡导美育。

比蔡先生更早，1903 年，王国维先生就在上海《教育世界》发表文章，提出了美育的概念。他将孔夫子的教育理想概括为美育，认为美育是教育的最高境界。

1923 年，蔡元培先生来到白马湖畔春晖中学做了一个演讲，他对春晖中学的学生们说，你们在这里的重点不仅在于求知，更在于求美，我羡慕在白马湖求学的你们。

而在北京，暮春四月的月夜，一群中学生围坐在北师大附中的荷花池畔唱歌、轻语，因为被这夜的静谧和烂漫的歌声感染了。在这儿任教的女作家石评梅回过头对当时还是她学生，后来成了著名剧作家的李健吾说了一句话，"在这里求学真是幸福啊"。幸福是一种美感，幸福不是一种物质享受。当时担任北师大附中校长的是林砺儒先生。他讲，人生最宝贵的时期差不多被中学时期占据了大半，中学教育是针对青春期孩子给予更高度的普通教育，做校长的目的不是升官发财，不是统治学校，而是教育青年改造社会。这种工作不能空口说白话，而是有赖于学识去指导，用能力去实践，这就需要有修养，修养是第一重要的，所以校长须用读书人。而在现在这个行政化的时代，很多校长不再是读书人，而是行政官员，但是行政官员当了校长以后依旧需要"有修养"，依旧需要"读书"。

张伯苓先生强调的是"责任"，旧中国的新希望就是为国家培养"五十年后或百年后的造福之人"。旧南开的新责任就是他要和学生从此立志："唤醒一己，唤醒国人，醒后负责任为世界发明新理论、新学说，使世界得平安，为人类造幸福。"

正因为这份"责任"驱使，陶行知才会提出《学生自治问题之研究》。经亨颐才会在白马湖畔对春晖中学的学生说，你们要承担社会责任，而不是躲在一个避人避世的世外桃源。王培孙先生"见清政不纲，知大乱将至，遂专心教育"，最终把南洋中学办成了中国顶尖的中学，被誉为"中国的伊顿公学"。黄炎培先生在南洋中学建校 35 周年之际说："这样有切实贡献于社会国家的学校和学校校长，全中国有几校呢？"社会责任，让教育变得伟大，变得有价值。

看得见、唱出来、行出来的教育

教育如何重造文明？在校园里重造文明——要看得见、唱出来、行出来。

首先是看得见。教育要看得见一花一草一木，看见校训、校徽，看见话剧、辩论、演讲、运动会，这就是学校重造文明的步骤。最重要的是草木，少年梁实秋永远不会忘记他的母校："有一棵合欢树，俗称马缨花，落花满地，孩子们抢着拾起来玩，每天早晨谁先到校谁就可以捡到最好的花。"上海中学的女生们喜欢女生宿舍前那一棵开着粉红色花的不知名的大树。而南洋中学红楼外两层楼高的桂花树，秋天散发着缕缕桂花香。还有立本小学的桂花树、银杏树，南开中学最有名的菊花会，校长张伯苓喜欢的梨香菊……草木带来的就是最直观的美。

当然还有看得见的这些校训，我最喜欢的一个校训是"诚者自成"；这是从中国古老的典籍《中庸》里提炼出来的最美的校训，既有古典的美，又有现代的美。

其次是唱出来。校歌是一个学校有声的灵魂，我们可以看到无论是中央大学附属小学、吴县县立第五高等小学、河南开封省立四小，还是温州中学……这些学校的校歌歌词都是铿锵有力的，能够在时空中久久回响。

还有话剧。我们看到少年周恩来曾经在南开中学演出话剧时男扮女装，还有少年万家宝、后来的剧作家曹禺……他们在学校的时候都曾出演过话剧。南开中学排了一个老舍的剧本《桃李春风》。学子们在演出的时候正好是南开中学建校40周年，张伯苓先生70岁寿辰，重庆沙坪坝的南开校园响彻学子们的欢呼："南开万岁，日新月异，校长不老，日新月异，员生不懈，日新月异。"

费孝通先生在故乡吴江初等小学念书。他的校长叫沈天民，给他们上了一门看似不重要的课《乡土志》，但这门课最后成为费孝通一生的志业所在，启迪他最后写出了其一生最重要的代表作《乡土中国》。从《乡土志》的课堂到《乡土中国》的传世，难道这中间没有一条神秘的线索吗?

北京大学的金克木教授，毕业于安徽寿县第一小学，这是他毕生最高的学历，以后就是旁听。他的小学校长给他们上公民课时说过一句话，他一辈子都记得："无论什么国，小学生是一国的将来，小孩子是一家的性命，小学生是一国的性命、命根子。"他记住了"我是命根子"，即使不念中学也是命根子，即使不念大学也还是命根子。"我是命根子"，不会因为没有学历而改变。

王人驹先生，一个微不足道的小学校长成为教育家，他说的话是多么平凡："你走路要端正，撑雨伞也要端正，凡是行为都要端端正正的。"但这句话，他的学生50年后依然记得。

范用先生说，他的小学校长经常拉着学生的手散步，问长问短，有时候讲个小故事。教育之道，高可以高到云端，低可以低到尘埃，俯下身来也是道。

所以，一个好的校长，是要行出来的。嘉兴中学的张印通校长对学生说的口头禅是："你们要好啊。"他给学生的临别赠言常常是："好好继续学习，将来不做大官，要做大事。"这几句话足够影响他们一生。他是金庸的校长。

温州中学校长金嵘轩留日归国，为了给老师发工资，他可以把祖传的田产卖掉垫付。他偶然看到一个学生的日记，知道这个学生特别喜欢新出的一套书——德国克劳塞维茨的《战争论》，那套书太贵了，学生买不起，他自己悄悄地买了送给孩子。

在校园重造文明从来都不是空话、大话。这点点滴滴的小事，就是教育家们将自己的教育思想行出来了。

此刻，我又想起蜀人苏东坡，"壬戌之秋，七月既望"，他的《赤壁赋》大家都会背，"壬戌之秋"是公元1082年，每60年就会有一个壬戌年，近千年以来至少有15个壬戌之秋过去了，苏东坡的文字还活着。

时间是圆的，世界是圆的，教育也是圆的。美国作家爱默生说过一番话："人生是一个自我发展的圆，它从一个几乎看不见的圆圈开始，向四面八方延伸，不断出现一个个越来越大的圆，永无止境，就是这么一个圆，圆是构成整个世界密码中最重要的符号，所以圆就是世界的全部奥秘所在。"

我最后想借用一个 13 岁的法国小姑娘写的一首诗来结束，她说：

假如地球是方的
我就有一个角落
可以躲藏
可惜地球是圆的
我只能直面世界

教育是一个画圆的过程，但我们需要直面世界。

生命之敞亮——从王国维"人生三境界"说起

刘锋杰

教师是用生命点亮生命的职业，教师教育需要通过诗意中的生命境界帮助学生进入生命的自由状态。拈出一个"生命"来解王国维的"境界"说，可将其释为"生命之敞亮"。他建构了一个"以生命为本"的诗学体系。将这运用于教育上，就是要对学生实施生命教育，让他们理解生命中的本意与诗意，实现生命的充分且完善的审美成长。

生命化的"人生三境界"

王国维曾有"人生三境界"说："古今成大事业、大学问者，必经过三种之境界：'昨夜西风凋碧树，独上高楼，望尽天涯路'，此第一境也。'衣带渐宽终不悔，为伊消得人憔悴'，此第二境也。'众里寻他千百度，回头蓦见，那人正在灯火阑珊处'，此第三境也。此等语皆非大词人不能道。然遽以此意解释诸词，恐晏欧诸公所不许也。"

关于"三境界"的解释，各有不同，但可从中寻找到趋向生命说的印迹与资源。

李广田认为，"三境界"讲的是人生追求：第一首是说眼光远大，立定目标；第二首是说锲而不舍，虽败不馁；第三首是说"踏破铁鞋无觅处，得来全不费工夫"，指获得成功而愉快。

谭佛雏认为，"三境界"表述的是艺术家的修养与创作问题。"就文艺言，'三境'说讲的是艺术家修养与创作的阶段性与艰苦性，它涉及形象思维中的质的飞跃问题。它借用三种诗'境'，形象地表述了一切艺术意境从最初酝酿、中经反复艰苦的艺术实践，以至最后飞跃地圆满达成这一创作过程。"

"境界"一词本来自佛教，有人从佛教角度研究"三境"。如王苏认为，"禅定"有四阶段：初禅排除烦恼、欲望的干扰，得到从烦暴现实中脱身的喜悦；二禅将此喜悦转化成自身的一种属性，达到"戒"的状态；三禅指原有的对事物色彩的喜悦消失了，只留下纯净、自然的乐趣；四禅是得到的乐趣也消失了，获得智慧的顿悟，达到无欲、无念、无喜、无忧的境界。第一境，"独上高楼"才能排除干扰，从现实中解脱。第二境已经"从'凋碧树'的自然现实，转化为人自身变化'衣带渐宽''人憔悴'"，"在平静、纯净、自然的乐趣中寻求寄托，但这不仅是一种寄托，而是更高的乐趣"。第三境相当于禅定的第四阶段，"'众里寻他千百度'表达了'慧'的艰辛，'回头暮见，那人正在灯火阑珊处'无疑是智慧的'顿悟'"。

　　以追求人生目标来说"三境"，过重社会功利，与王国维的反功利目标相去较远。以艺术修养与创作阶段来说"三境"，其中艺术修养涉及作家主体的精神特性，与境界说较合，可创作阶段说将"三境"降为谋划事物的阶段，难以反映它所显示的高远想象。以"禅定"内涵来界定"三境"，反映了"三境"追求审美实现，是"去欲"的直观说法，此"三境"内涵与王国维的整体审美观统一，可未能具体指明"三境"到底是从哪个角度丰富了"境界"的生命内涵。且用禅定的"四阶段"来说"三境界"，在数字上不对应，尽管意思有相通之处。就此言，佛教"欲界""色界"与"无色界"的"三界"说更能对应"三境"说，两者数字与层级正好匹配。"独上高楼，望尽天涯路"是"欲界"，为欲望勃发之时。"衣带渐宽终不悔，为伊消得人憔悴"是"色界"，哪有入色界而追求方方面面的人不是憔悴之人？"众里寻他千百度，回头蓦见，那人正在灯火阑珊处"，是"无色界"，超越有色界而获得般若智慧，经过艰辛的努力，实现自己的目标。

　　我又不想完全以佛教角度理解王国维的"三境"，因为佛教的最后超越是解脱的弃世，对于王国维这位要做出一番立言事业的豪杰人士来讲，并不切合。因此采取世俗的生命说解释，将"三境"视为生命处于不同层级上的"生命的三种敞亮形态"，上述问题也许就迎刃而解。第一境是生命的始发追求状态，故极目远处，展开想象与探索；第二境是为自己的选择付出生命的心血，哪怕被其折磨，也在所不惜；第三境是努力过后的突然得到，生命充满平静的喜悦。"三境"作为"生命之敞亮"，形态不同且可分出层级，但并无优劣，各处一境中，都能创造出属于自己的生命光彩，而非只有达到第三境才算成功。

有境界，则自成高格

《人间词话》强调"境界为本"。王国维认为："词以境界为最上，有境界则自成高格，自有名句。"谈人时，我们强调人应有品质格调，谈诗词时也一样，也应有品质格调。王国维用这个标准评论中国从唐五代到清代一千多年的词史，认为有境界的最高阶段是在五代与北宋，此后低于以前。"词至李后主而眼界始大，感慨遂深，遂变伶工之词而为士大夫之词。"

《人间词话》中，还涉及"境界"的分类问题。其一，写境与造境。"有造境，有写境，此理想与写实二派之所由分。然二者颇难分别。因大诗人所造之境，必合乎自然，所写之境，亦必邻于理想故也。"这里的"理想"与"写实"概念来自西方，成为向中国输送"浪漫主义"和"写实主义"创作方法的滥觞。王国维在此处只是想借助西方的概念进行"境界"创造方式的区分，进而为把握文学史提供一个模式。从生命论角度来看，"造境"实为"创造性地展现生命活动"，而"写境"实为"如实地展现生命活动"。

其二，有我之境与无我之境。"有有我之境，有无我之境……有我之境，以我观物，故物皆著我之色彩；无我之境，以物观物，故不知何者为我，何者为物。古人为词，写有我之境者为多，然未始不能写无我之境，此在豪杰之士能自树立耳。"学者对此争议较多。其实"有我之境"与"无我之境"是两种不同的生命敞亮方式，当诗人将自己鲜明地投射到诗中，展示一种具有强烈自我情感色彩的生命形态；当诗人将自我隐藏起来，甚至看似不表达自己的情感状态，通过外物特性表现，这也展示了一种生命形态。王国维认为，在诗歌史上，"有我之境"的诗作多一些，如李白、辛弃疾等人的诗作；"无我之境"的诗作少一些，如陶渊明等人的诗作。但创造"有我之境"多或创造"无我之境"多的诗人，都可以创造相反类型。

此外，"境界有大小，不以是而分优劣。'细雨鱼儿出，微风燕子斜'，何遽不若'落日照大旗，马鸣风萧萧'。'宝帘闲挂小银钩'，何遽不若'雾失楼台，月迷津渡'也"。只要表现出的生命情状是真切、生动、无可替代的，就是"境界全出"的作品，不因题材之大小、风格之浓淡、思想之轻重得出一个"境界"高出另一个"境界"的结论。庄子在《齐物论》中提出万物平等的观点，认为每个物都有自己的特点与存在的理由。从这个角度阐释"境界"，所有的生命状态都是平等的，所有表现出的生命"境界"也是可分大小却不可分优劣的。

"境非独谓景物也，喜怒哀乐，亦人心中之一境界。故能写真景物、真感情者，谓之有境界。否则谓之无境界。"写眼前的情景，可以创造出境界，写心中的情感也可以创造出境界。写景的境界如"红杏枝头春意闹""云破月来花弄影"，诗中的"闹"和"弄"字，都把眼前之景写活了，这是有境界。再如"春风又绿江南岸"，一个"绿"字，也是"境界全出"。

写情的境界如"生年不满百，常怀千岁忧"，是直抒胸臆，是"境界全出"。"无为守贫贱，坎坷长苦辛"，虽是叹贫叙苦，看似格调不高，但王国维认为它所抒的是真情，所以也是"不隔"的境界。这里的"境界"用法，若换成"生命之敞亮"一语，或强调情感表达之敞亮，或强调景物描写之敞亮，都能恰当反映创作的实际情况。不能表现生命的，不能打动生命；已经打动生命的，必然表现了生命。

境界——生命之敞亮

关于"境界"的内涵，众说纷纭，截至目前，主要有"世界说""形象说""理念说""精神层次说""感受说"等。

首先是"世界说"。李长之认为："境界即作品中的世界。不错，作品中的世界，和我们所居住的世界不同，但这不同处在什么地方呢？我们看在普遍的世界，只是客观的存在而已，在作品的世界，却是客观的存在之外再加上作者的主观，搅在一起，便变作一个混同的有真景物有真感情的世界。""境界"即"作品中的世界"，意指文学创造的那个空间，如同现实世界那样丰富多彩，但它不是客观的现实世界，而是主客观相融合的文学世界。就强调主客观相融而言，这个观点与王国维的观点区别不大。

其二是"形象说"。陈咏认为："所谓有境界，也即是指能写出具体、鲜明的艺术形象。"林雨华说："可以说，'意境'或'境界'，是艺术形象及其艺术环境在读者心中所起的共鸣作用；'意境'或'境界'又是读者艺术欣赏时的心理状态。""形象说"认识到"境界"是"形象"，揭示"境界"的一个特征，但把"境界"只释为"形象"，又窄化了"境界"的内涵。

其三是"理念说"。"理念"一说来自西方，有人认为王国维提出的"境界说"就是西方的"理念说"。"理念"是什么？有点像中国的"道"。中国强调"道生一，一生二，二生三，三生万物"，西方也讲"理念生万物"的思想。每种物里都有"道"或"理念"，表现物的时候一定要表现它的本质。

其四是"精神层次说"。徐复观认为："在道德、文学、艺术中用'境界'一词时，首先指的是由人格修养而来的精神所达到的层次。"我认为"精神层次说"较为合理，但"精神"一词偏向哲理化，不符合诗歌创作所具的生命特征。精神层次只是生命的一部分，属于内在的，生命还有外在的形态需要表现，故只说是精神层次，仅仅肯定生命内在的一些东西，没有肯定生命外在的感性形态。而主张用生命加以阐释，则兼顾内外。日本文艺理论家滨田正秀指出："文学是一种使现实更接近于真实的努力，它要把被歪曲和掩盖着的真实发掘出来，创造出更具价值的东西，并使全部生命得以复活。真实不是别的，乃是生命的真实。"从这个角度来看，王国维的"境界说"强调发现生命的真实，表现生命的真实，传播生命的真实，激发生命的真实。

"使石头成其为石头"

什么是发现生命的真实？可以理解为"使石头成其为石

头"。俄国理论家什克洛夫斯基说："正是为了恢复对生活的体验，感觉到事物的存在，为了使石头成其为石头，才存在所谓的艺术。艺术的目的是把事物提供为一种可观可见之物，而不是可认可知之物。"

"使石头成其为石头"，是主张艺术的创造是努力使所表现的事物达到"不隔"状态，说的正是"生命之敞亮"，即它原本是一个鲜活的生命，但可能被遮蔽了，在艺术的创造中，就是揭去这些遮蔽，使其恢复生气勃勃的状态，创造出一个更加鲜活的生命。

现代画家潘天寿喜欢画石头，但他画的石头和很多吴门画派的人不一样。后者画的太湖石是镂空的，前者画的是方正的。潘天寿认为，艺术就是把情志变成一种可观可见的东西，他达到了，在他笔下石头的生命敞亮起来了。他不是让人们从理性上认识石头的概念，而是让人们从感受上体验石头的生命。

当代美国著名诗人查尔斯·西米克写了一首诗《石头》，这首诗富有神秘感。它先从外表揣摩石头，石头是"寒冷而又宁静"的，又从两块石头摩擦产生火花联想到"或许它内部压根就不是黑暗；或许有一颗月亮从某处照亮，犹如在一座小山后面——恰好有足够的光可以辨认这些陌生的文字，这些星星的图表在那内部的墙上"。这首诗刷新了人们对石头的观感，石头被赋予生命。如今走在路上看见石头，我们怎么会不盯着石头多看几眼，想一想它的内部是什么呢？

其实，生命之敞亮的要义即"使石头成其为石头""使花朵成其为花朵""使山水成其为山水"，更是"使人成其为人"。诗词作为一种生命情感的表现形式，通过格律化的语言方式，抒写诗人感受外物所引发的生命波动，艺术化地呈现各色生命形态，引发读者的深层生命波动。诗人与读者之间，借助作品共同完成生命与生命交流的欢娱与提升。不写生命怎么样？那就没有什么艺术价值。而写生命就是写出生命之敞亮的千姿百态，因此诗歌艺术也同样地千姿百态了。欣赏这样的诗歌，人的生命不是也千姿百态地敞亮起来了吗？

王国维的境界说，实质上成为揭示生命形态的理论，也是提升生命形态的理论。

乡愁意识、还乡情怀与经典教育

—

刘铁芳

家园感的破碎

现代人普遍的乡愁意识从何而来？乡者，故乡也，故乡就是一个人出发的地方，就是孕育一个人初始的生命印痕的地方。乡愁意识也就是一个人从故乡出发、走进他乡，又回不去故乡，只能在仰望中怀想故乡的情怀。追问乡愁意识，首先要问的，就是我们究竟从何处来？我们的生命与精神的出发点在哪里？对初始的回溯乃是寻找我们精神起点的基本路径。

个体的发展史就是人类发展史的复演，追问个体的乡愁就是回到人类的最初。人类的最初，毫无疑问，就是——也只能是一个词：自然。人类原本就是从自然中来，从自然状态之中来。自然不仅是人类生命的基础，而且是人的精神的基础，人类的精神生命同样发育于自然，是自然赋予的。这里的自然不是我们今天讲的物化的自然，而是海德格尔所讲的天、地、人、神四重奏的自然。人类生命与精神的摇篮就是天、地、神所敞开的空间。自然本身就是物质与精神的统一体，自然之物养育人的身体，自然之魅滋养人的精神。大地养育人的身体，天空开启人的心灵，神性的皈依唤起人的家园感。大地给人以厚实，天空给人以开阔，神性给人以温暖。所谓家园就是身心的家，是身心和谐安居的地方。

人类的发生原本就是始于天地之间人与神的共在，真正的安居就是安居在天、地、人、神之中。人正是在脚踏大地、仰望天空、揣度神性的过程中，在天、地、人、神四重奏之中，获得生命诗意地安居。现代性的开启，人类靠自己的力量挣得了越来越多的自由。随着人类理智的过度启蒙，自然祛除迷魅，自然之物与自然之魅分离，自然破碎化，人类存在的大地裂开。当自然在人类理智的审视中物化，自然就不再作为呵护人的生命的整体性存在，越来越自立、自强的现代人开始脱离自然母体的怀抱，而放逐于先导性所开启的理性化、物化的生命空间中。

在人类越来越多地获得了比之于自然的独立的同时，个体精神的破碎与虚无随之而来。日渐远去的自然最终只能成为我们心中遥不可及的故乡，我们最终只能生存于破碎之中。原初的作为人类生命母体的自然，就只能成为我们行走在现代性路途中的一种仰望。置身于现代生活之中，回望原初的生命之家，被现代性所围裹的我们注定无法回到故乡。故乡就成了形而上的仰望，乡愁意识就越来越多地成了现代人的普遍意识。这种乡愁意识既是形而下的，我们今天遭遇得越来越严重，甚至可以说是难以缓解的生态危机，实际上就是我们产生乡愁意识的重要缘由；又是形而上的，心理问题越来越严重，心态危机一点也不逊色于生态危机。生态危机的根本出路乃在于我们的生存方式，而我们的生存方式的根本无疑是我们心灵生活的方式。

海德格尔说过一个词——"被抛"。我们降生到这个世界，本身就意味着我们"被抛"到现代性的境遇之中，我们早已被放逐在以人为中心的理性化所开启的现代性的路途之上。在这一点上，我们无法选择，还乡，于是成为一种心灵恒久的仰望。我们无法回到原初的自然，回到自然对生命的整体呵护以及我们对自然的无隔的依恋，我们必须在乡愁之中艰难地担当自我。

找寻心灵的故乡

回乡之路究竟在何方？当天、地、人、神四重奏的原初自然日渐远去，自然就成为我们遥远的仰望，回乡之路就变得异常艰难。实际上我们已不可能回到故乡，我们注定只能怀着乡愁寻找故乡。

自然有两层意义：一是作为人类初始出发点的自然，天、地、人、神四重奏的自然；二是作为个体生命出发点的自然，即个体生命的开端。所以，回乡之路，一是向人类出发的地方的回返，一是向个体出发的地方的回返；一是回顾人类的童年，一是回顾个体的童年。这种返乡乃是一种精神的返乡，也是一种生命姿态的返乡，我们的回乡之路就是在日益理性化、技术化、物化的时代中，敞开人类的、个体的原初生命精神的路径，焕发诗意生存的可能。

回乡的第一条基本路径是重建我们的自然观，重新培育我们对自然的温情与敬意，自然才是我们永远的家。我们现在说的对自然充满温情与敬意并不是一般性的爱护自然，我们通常讲的爱护自然包括环保主义者的自然观，许多时候，这样的爱依然只是一种功用化的自然观，只是因为自然对我们有用，破坏自然直接威胁到我们当下的生存。显然，这里的自然是物化的自然，而不是作为生命统一体的自然。必须重建人与自然的原初的关系，超越功用化的、物化的自然，激活作为生命始基与生命家园感的自然观，同时也激活我们与自然共在的个体生命观，从根本上培育我们对自然的温情与敬意。

回乡的第二条基本路径就是通过认识个体生命的初始，来认识自我生命的内在自然。用生命的自然来校正当下生命状态的异在，在自我生命的内部找寻生命的家园感，最根本的就是对自我生命本真的认识与复归，回复自我生命的内在自然。这实际上是我们对抗日益理性化、技术化以及身处钢筋水泥物化的丛林之中，重新认识生命本源的最重要的路径。

就个人生命的发生史而言，原初生命的淳朴，以及个体与母亲的亲密联系就构成了最初生命的诗意的家园。童年不仅是形而下的，更是形而上的。童年是培养个体生命家园感的基础，童年直接成了个体人生的精神之家。童年所开启的个体生命世界，成为个体一生不断回望的出发点与不断回溯的精神家园。在这个意义上，保卫童年就是保卫个体生命的精神之家。

所谓的"回乡"，乃是共时性的，是空间意义上的，让文明的初始与作为生命母体的自然切入我们当下的生存结构之中，扩展生命与自然之间的生动活泼的联系，激活日渐物化的生命状态，丰盈当下生命存在的境遇，甄定生命发展的目标，恢复个体生命的沛然生气。

教育中回乡路的阻隔

随着社会的现代化，教育自身也成为社会现代转向的基础，教育不再关心个体回归自然之路，转而关注的是个体在外在社会世界中的实现，关注个体在现实中力量的丰盈。

当下教育中，回乡之路的遮蔽主要有三个方面：

第一，功利主义的教育观，塑造了个体功利化的生命姿态，不知不觉地就把生命置于其中，失去了从容选择的可能，功利主义的人生观很早就在我们的生命中一点一点地留下。第二，技术化的教育，大大缩减了个体在教育中心灵敞开的空间，缩减了自由陶冶的可能性。人一旦物化，精神空间的可能性就大大缩减，技术主义教育观对教育的危害是非常大的，使我们的思维只停留在现象世界中。第三，自然本身的物化、知识化，自然本身中的意蕴在教育中不断消解，加深了回归自然的阻隔。从小开始，自然就一点一点疏离了我们的世界，或者我们不断成长的生命一点一点地疏离了自然，导致个体与自然之间的冷漠与隔离。

这三个方面综合起来，导致我们的教育越来越多地停留在可见的现实世界之中，更多的是一种对世俗生活的适应，而没有达到现象世界的敞开与对理念世界的关注。换言之，我们的教育并没有给精神与心灵世界寻找家园感，而只是提高了适应现实生活的能力。

我们今天的教育，就整体而言是形而下的，缺少了形而上的气质，由此而塑造出来的个体生命姿态就更多地局限在世俗生活世界，没有办法真正敞开自我，由此而形塑成狭隘个人主义的生命姿态。这里的狭隘个人主义不仅是伦理意义上的，而且是整体生命意义上的，是存在层面的个人主义，是个体生命的自我封闭，是从生命个体出发的自我中心主义，外在的一切对于个人而言都不过是是否有用的功用化的存在。实际上，这才是当下功利主义和技术主义教育导致的真正的困境。它直接缩减了年轻一代的生命空间，特别缩减了他们的生命世界通向形而上世界的窗口，使他们更多地停留在感性的、当下的、可见的生活世界之中。个人周遭的外在世界的缩减直接意味着个体心灵世界的缩减，这实际上也是我们今天对教育回归生活命题必须予以警惕的最重要的原因。

教育关注幸福，但幸福并不是教育直接的指向，教育必须指向比幸福更基本的、更起始的问题。教育的过程是个体向前发展的过程，是个体走出蒙昧，走向自立、自主的过程；与此同时，教育的过程又是一个不断回溯的过程，认识生命的本源，为个体人生寻找精神的家。从"看山是山"，到"看山不是山"，到"看山还是山"，其中就内含人生向前与回溯的两个基本过程：向前是提高个体现实、世俗生活的适应性；回溯是让个体在世俗生活的劳碌中寻找精神之家，认识并且依恋生命的本源。在这个意义上，知识就是美德，对个体生命本源的认识就是给个体生命找家，回乡成为一种基本的生命状态。这也是海德格尔阐释荷尔德林诗歌的用意之所在："人充满劳绩，但还诗意地安居于大地之上。"劳作固然沉重，但劳作让人贴近大地，大地敞开人的生命存在的本源，正是对生命本源的守护，个体诗意地安居才得以可能。劳碌是向前，安居是向后，回到生命的本源，守住个体存在的诗意家园。

开启当代教育的返乡情怀

柏拉图说，"学习即回忆"，在这里，回忆有两个层次：一是向人类原初的经验回溯；二是领悟个体生命的本真。回忆的指向其实就是让个体生命本有的东西显明，这种本有不仅是个体的，而且是人类的。教育何以敞开其返乡的情怀？保卫童年，无疑是现代教育的基本要义。这里的童年是双重的：一是个体的童年；二是人类的童年。

所谓教育世界中的儿童本位、儿童立场，其实并不是一种成人世界的谦辞，不是一种成人世界之于儿童世界的优越感的转让。其中内含教育的真谛，真正的教育就是激发、启迪，就是儿童自然、美好天性的引导与激活，内含在儿童世界之中的人性的自然与美好就是教育的起点与基础，是个体教育历程之中需要也必须不断被回溯的生命内涵。正是在这个意义上，成人世界向儿童世界的倾听、理解、发现，就不仅仅是寻找教育的契机。更重要的是，在儿童自身的自然生命世界之中，经由教育，为个体逐渐敞开安顿自我人生的生命情怀。从人类童年的意义上而言，保护古典文化实际上是滋养生命情怀的最重要的精神资源。加强古典教育，就是要强化今人与初民之间的精神联系，它的根本意义在于让我们回溯人类最初的生命精神，从而获得现代人最基本的生命滋养。这意味着我们需要重新考量神话、童话对于现代人、现代教育的意义，神话、童话并不是荒诞不经，恰恰可能是原始初民生命精神的真实写照。经典教育则是要强化我们与人类历史上最伟大的心灵之间的联系，一部经典往往就代表了一个时代，甚至远远地超越了时代。经典之为经典，正在于其穿越时空所呈现出来的恒久的生命意义。古典与经典教育，究其实质而言，就是要保持现代个体置身人类、民族历史之中永远的家园感。

早在 1936 年上海良友图书印刷公司为沈从文刊印习作选集，沈从文在为其所作的《代序》中说："我想造希腊小庙……这神庙供奉的是'人性'。""我要表现的本是一种'人生的形式'，一种'优美、健康、自然，而又不悖乎人性的人生形式'。"他的"希腊小庙"就是要给迷失中的我们提供一个永久的可以回望的人性家园。这种家园既是自然的，或者说无悖于自然的，又是古典意味的。

偶然读到隋代无名氏的一首《送别诗》：

> 杨柳青青着地垂，
> 杨花漫漫搅天飞。
> 柳条折尽花飞尽，
> 借问行人归不归？

也许，我们无力改变社会、改变时代，但我们可以改变自我生命的姿态。教育的根本就在于开启美好的人性，把理想的城邦、理想的世界建立在个体人心上。是的，也许我们已逐渐地靠近了"柳条折尽花飞尽"的时候了。此时此刻，我们每个人都需要决断，置身现代性之中，归，还是不归？这是一个问题。

先人有言，亡羊补牢，犹未为晚。

站在田野里的人文经典课

—

陈　忠

"站在田野里"的伊顿学园，已经走过五个年头。

茅舍前的一方池塘，引来了白鹭、野鸭，不经意间，蒹葭恣肆，紫藤蔓延……一粒粒种子依傍古老基因里的原始密码，终成灌木，又衍生为林地，树荫固化养分，保持土壤菌群，彼此调剂滋养，多种样态共生涵育并茂，免除了单独生存受到环境变化的不利影响。池塘与森林似乎知道如何诱导万物生长。

筑造在野塘边，靠山邸，由一间猪圈改建而成的学园主体，"物质条件仅满足于必须"。可书架上数千册典籍承载的先贤灵魂日日与学员相遇，发生着能量交往。师生们围坐土屋、木桌切磋《瓦尔登湖》，仿佛学问在"荒江野老屋中"经由活泼泼的"蒸煮"，散发出怡人香味。

经典"大书"研读，是伊顿学园两大核心内容之一，导师组将六本代表人类智慧高峰、触及人性本质的作品列为必读。

要成为一名知行的乡村建设人，大抵免不了经由这样的思想淬炼，思辨"何为良好的生活"。

学园导师往往布置先自主阅读《理想国》，延伸阅读《人应该如何生活——柏拉图〈王制〉》《会饮》等，然后是导师提纲挈领的串讲，学员的各自报告，众人的相互辨析。借由柏拉图简练清晰、一语中的的表达，大家全整地思考与探析事物的起因与基本原则。而古典如何返回现代？正如一位学员的感慨：当你穿透进去，再还原出来，完全可以解读出经典论述与现代生活的强关联，甚至是准确地解说当下——那些亘古不变的人性与智慧其实不会过时。

借由《陶渊明集》和《中国思想史》，学员们领会到先贤缜密而深刻的辨析如何借文本而传世，导师们条缕解析如同精微的人物精神解剖，带领学员回望故土的精神祖先，安放人的内在灵魂秩序。这也使得文本中蕴含的伟大人格，像"蜡版"一样，成为我们当下最可靠的教师。有学员在阅读报告中写道："不论陶渊明、王维还是谢灵运，他们面对的并非只是那个时代的特殊问题，而是指向人的根本性问题，是基于自己对'我是谁，我要什么，不要什么'的回答，做出的怎样安身立命的选择；的确，经典提供了无可比拟的启发与源泉，帮助我们迷途知返，灵魂转向，进而'道行之而成'。"

在《中国环境史：从史前到现代》《阳光下的新事物：20世纪世界环境史》的专题讨论与碰撞中，有的学员迸发出超越个人与时代的"大问题"意识。那些让灵魂紧张而深刻的问题，让大家不再魅惑于这个世界耀眼的半道风景，不止步于琐屑渺小的岁月静好。

学园内容的另一大分支是项目科。一个项目实践方案往往经由学员团组多轮研讨打磨，在猜想与反驳、调整与发掘中，由浪漫至精确。这是个一起思想和旅行的过程，基于自己的兴趣与需求，有的学员进入朴门乡土建筑专题研读，有的学员自主构建永续农业项目以及生态村田园教育课题……面向问题的发现与解决之旅，如同种子自然生长的过程，发现和发展个体的潜力，也享受审美和创造的旨趣。这一思考与行动之间的嵌合与转换，使得个体通过实践触击进入与确立自身的存在，而这一节奏与经验的指向，是持续地去促进下一步的生长循环。他们焕发出本能的实现冲动，在日常"一日不作，一日不食"的田间劳作中，感应到与这片大地的深厚联结。学员们在这片荒野上施展了一个个乡村项目，随即也将它们播散开去，在广袤的偏乡田野里，合作共创，互助守望。

在文明世界漂泊无根的流变中，教育是侧重当下与现实目标，还是侧重超越与引领？这一教育思想领域的"古今之争"持续了将近三百年，比如杜威和赫钦斯的古典人文教育之辩，施特劳斯和杜威的经典阅读与生活探究之争等。我想，也许这都是因为思考的时空尺度不同，路径有别。但伊顿学园的实践意图吸纳兼容，将那些伟大的看见在现场还原成为一个自然而然的完整生活。我们既静观社会生动与短暂的波涛起伏，也愿意沉潜成为历史长河中百年不易的河床潜流，在变革跌宕中呵护文明，回望永恒……

下编

躬耕・知行

教育的转向

回归教育常识，培育"完整的人"

世界处于百年未有之大变局，教育同样面临时代的挑战。科技"整体性爆破"、世界多范围冲突，现代教育培养偏向工具理性，而非价值理性，现代人失去了对自然的审美力，也失去了对他人的情感能力。教育"内卷"使教师、学生和家长都在焦虑与挣扎中沉潜往复。

我们需要重建教育的价值，回望数百年前"儿童立场"的教育革命，恪守教育规律，重申以及帮助确立人的意义，关注人的心灵才智与精神属性。直面时代和社会的变迁，教学的技能、教学的分工、学习的本质、思维与行为模式应因时而进，为未来而教，为未来而学。朝向未来的行动上，教育在全球范围内越来越强调促进社会与情感能力发展和幸福感的全人教育，以应对和回答不确定态势下我们要培养什么样的人。教育的意义在于使得知识通过循环来丰富原有的认知，并导入情感与道德，内化到心灵深处，使得心灵温暖而鲜活，并以蕴含的无限生命力和强大能量为健全社会摆渡。

在人性和社会的尺度下关照教育，从"我"到"我们"，亟待构建一个互助共生的生命共同体，在关系的连接中，变排他的竞争为容他甚至利他的共享。教育同道带着问题意识和探索精神，去努力搭建思考和行动的空间，并且将它转变成一个不断实践的过程，为教育敞开更为宽广的前景，共同探寻超越时代和超越个体局限的"善托邦"。

儿童立场

刘晓东

儿童立场，近年来逐渐成为中国教育前线的热词，有人赞成它，有人反对它，我属赞成派。儿童立场其实有悠远的历史。"发现儿童"导致了现代教育的诞生，而"发现儿童"必然导致儿童立场的确立。

在《爱弥儿》中，卢梭自言，以往的教育学是以成人为尺度的，它研究的是成人应当具有怎样的知识；而他主张，教育学应当首先研究儿童，应当将儿童作为教育的尺度。可见，卢梭教育学的重心或着眼点已经从成人转向儿童，从而翻转了旧教育里儿童与成人的关系，这其实就是教育学的"哥白尼式革命"。他又认为教育的方法其实"只是自然的进行而已"。是不是就不要教师了呢？不是。儿童有三位教师，即自然、人和事物，分别来做"自然的教育""人的教育""事物的教育"，这三位教师协同工作，才能实现完整的教育。"自然的教育"是人的才能和器官的内在发展，它是完全不以人的意志为转移的，所以，"人的教育"必须与"自然的教育"相一致。他将"自然的教育"中的"自然"看作拟人化的"教师"，它体现着自然目的、自然意志，它最了解儿童，因为它就是人格化了的"儿童的天性"，说穿了就是内在的儿童，更直接说来就是儿童自身。后世教育家蒙台梭利所谓"儿童的内部教师"，其实就是这种人格化了的"儿童的天性"，也即卢梭所谓"自然的教育"。

卢梭主张"人的教育"必须与"自然的教育"保持一致，转换到当今教育的日常话语体系里便是：教师必须与儿童（的天性）保持一致，人作为儿童外部的教师必须与儿童的"内部教师"保持一致。这种"儿童立场"深刻影响了"后世一切教育改革家"。例如，自称卢梭弟子的裴斯泰洛齐主张"教育心理学化"，其实质就是教育（应当）儿童化。杜威曾畅想，教育将发生一场哥白尼式革命，儿童将成为教育的太阳，并且持续地影响到裴斯泰洛齐、福禄培尔、蒙台梭利，当然也包括杜威本人等"后世一切教育改革家"。是"发现儿童"导致教育学发生了哥白尼式革命，这种革命使以往的成人中心、成人本位转变为儿童中心、儿童本位，而儿童中心、儿童本位则是当今"儿童立场"的别名。

儿童中心主义现身于教育领域的同时，也系统地现身于文学、绘画、音乐、哲学以及西方马克思主义政治学等领域，这是时代精神及其统摄作用使然。例如，均生于 1770 年的诗人华兹华斯、荷尔德林都主张回归自然、回归童年，同样生于1770 年的贝多芬，其音乐如儿童般一任天真、烂漫多姿。舒伯特、舒曼等人创作的音乐描绘童年、推崇童心。毕加索、克利、夏加尔等一大批现代画家从童年资源里寻找艺术的本真、灵感和创作手法。哲学家尼采和海德格尔将儿童视为哲学体系的核心概念。西方马克思主义者瓦纳格姆等人则设想通过保全儿童本真的生命，重返儿童般的纯净主体性。我将以上林林总总的立场和观念统称为西方的儿童主义，它与贯穿于中国哲学家老（聃）、孟（轲）、陆（九渊）、王（阳明）、罗（近溪）、李（卓吾）等人思想的儿童主义是相呼应的。而中西方的儿童主义又得到 20 世纪生物进化论领域"幼态持续"说的有力支援。

一言以蔽之，儿童立场与儿童中心、儿童本位、儿童主义是一组家族相似性概念，它们是辩证统一乃至同一的。

学习的科学：什么是最好的学习？

薛 贵

教育的目的是为未来培养人才。随着知识爆炸、信息迭代、元宇宙及人工智能等技术不断升级，未来正加快到来，从根本上改变着人类生存和发展的模式。时代发展对人类的学习提出了新要求。智能时代什么才是最好的学习和最好的教育？

大脑研究揭示了学习的新本质。首先，学习的目的是适应环境。学习是数亿年进化而来的最重要的生命智能。在急剧变化的世界中，最好的学习不是简单的知识获取，而是强大学习能力的培养。其次，学习的过程是对大脑的塑造。人脑 860 亿个神经细胞，百万亿个神经连接，时刻受到学习的改变，从生物底层决定了每一个思想、行为、知识、能力、习惯和态度。科学的学习必须尊重大脑分工的规律、人脑发展的规律和有效学习的规律。

基于科学的研究，我们构建更加符合时代发展和大脑运行规律的学习力结构体系。学习力包含三个重要的方面，即有机的知识体系，强大的认知能力和持久的学习动机。首先，两耳之后的颞叶和枕叶，是有机知识体系形成的地方。有机的知识体系包含了从具体到抽象各个层次，它们是紧密联系、融会贯通、灵活使用的知识体系，而非碎片化的、死记硬背的知识。其次，培养强大的认知能力，是大脑前额叶的重要功能。它包含信息加工和专注能力，擅长获取、分析与整合信息并创新。最后，大脑内侧区域是人的动机系统。动机是人类发展的发动机和方向盘。发动机决定行为的速度，方向盘代表了人的价值观。培养持久学习动机，要让学习者充满热爱与激情，具备成长性思维，通过自我控制能力去调节情绪和延迟满足。

有机知识体系、强大认知能力和持久学习动机，是一个完整的学习力体系所具备的三个关键成分。学习力的体系也是创新人才培养所需要考虑的能力体系。通过培养个体的学习力，可以实现学生短期学业成绩与终身发展统一，同时也是解决应试教育和素质教育矛盾的有效出路。

要培养强大的学习能力，需要依据科学的规律。第一，必须遵循大脑发育的规律，任何超前的或延后的知识学习，都不利于学习能力的发展和培养。第二，好的学习要遵循大脑记忆的规律，依据遗忘曲线规律、适度难度规律、大脑活动与分工规律，充分调动大脑资源。第三，好的学习还要遵循知识建构的规律，要想长期保存和灵活应用知识，必须构成知识的网络，而这必须挑战传统的学习方式。第四，好的学习也应遵循能力提升的规律，通过科学的方法，提升记忆容量和流体智力，改善大脑结构功能，提高多巴胺受体功能。第五，好的学习还应遵循动机塑造的规律，充分利用喜好、习惯等动力系统，再采用如社会情绪技能学习的方法，把坚韧、激情、自控能力、乐观态度和成长性思维培养成一种技能甚至是自动化的习惯，从而为学习提供强大而持久的动力。

脑科学和学习的有机结合是一场深刻的变革，它不是简单的教学方法和教学实践的改变，而是涉及教育目标、评价方式、学习内容、学习过程和技术的深刻变革。为了实现脑科学和教育的有机融合，必须从加强大脑基础研究、揭示脑智规律开始，同时建立脑科学与教育人才培养体系，努力研发脑智测评和训练专业产品，并加强试点指导效果验证和普及推广。期望在社会各界的不懈努力下，能够带来真正的未来学习变革，让每一位老师都成为脑科学的应用专家，让每一间教室都成为脑科学的实践基地，让每一堂课都成为脑科学的创新发展。

教育的情感转向

毛亚庆

当中国社会进入满足人民对美好生活向往的新时代，社会的发展就从注重物质产品生产的社会体系建构转向关注人的精神层面提升的社会体系发展，终极实在的追问也由外在转向人自身，转向以人的生活作为基础和本源的"社会"。为此，新时代需要培养适应和引领新时代中国社会发展所需要的人之为人的"本质"的社会性发展与社会人格，这种人性基础确立了社会秩序，规范了社会行动，牢固了社会团结，形成了良好的社会根基。

社会情感教育回应了新时代中国社会转型对教育的诉求，通过开发学生获取社会情感能力所必需的态度、知识和技能，发展学生面对成长和发展的复杂情境，在社会化过程中基于个人的自我感受和社会关系的互动体验掌握并应用一系列与个体适应及社会性发展有关的核心能力。在学校教育中如何提升学生社会情感能力，必须改进以下三个方面的观念认识：

第一，对人发展的理解要回归本真。人的发展是按照身体、心智、情感而进行的，情感在现实性上代表了人性的需求倾向，是人全面发展的基本前提，在人类个体的生存发展与社会适应中具有不可替代的作用，是教育的重要目标。

第二，对教育的理解要以人为目的。人性的发展是精神的健全成长，教育的要义不仅在于人的理性的提升，更在于确证着人的存在、促进着人的生成，这应是教育的本质属性。

第三，对智力的理解要关注非认知能力。对于智力的理解不再停留在人认识、理解客观事物并运用知识、经验等解决问题的抽象思维能力上，它应包括如何处理好自我与他人关系的自我认识和人际关系智力等促进人的社会性发展的一系列非认知能力。

为此，就必须构建学校全员参与的全方位育人模式。

第一，需提升校长、教师与家长的社会情感能力。要学会关心、积极关注他人，营造相互信任、合作的工作环境；建立参与机制，组建发展共同体，注重家长承担相应的义务，教师在专业发展中有幸福感与职业满意的获得感。

第二，注重校本资源开发。提供全面系统的课程教学材料和资源，组织专业培训和集体教学研讨活动。

第三，实施学科教学融合。在学科教学中注重与社会情感能力提升的知识衔接，在教学中营造积极参与的氛围，引导学生自主学习和主动体验。

第四，构建友善、支持性的学校氛围。要重视安全、温暖、尊重、支持、鼓励和接纳的心理社会环境建设；强调管理者、教师、家长以及学生之间的互动；关注学生与学校教职工共享的价值观、教师和管理者的组织行为方式及学校物理环境的精神呈现。

第五，构建家校合作伙伴关系。成立家长委员会，主动与家长建立联系，组织社会情感学习的专题课程、集会活动，开展家长专题讲座。

当代教育发展的"全社会教育"路向

李政涛

当代教育需要经历一个从"社会教育"走向"全社会教育"的整体转向。

过去的教育，从社会变革与发展的内在运行逻辑来看，有五种类型的"旧象顽疾"：单向——社会单方面影响教育并对教育提出各种要求；弱势——教育常常作为经济、政治等其他领域的追随者和屈从者；割裂——学校与各种社会教育机构，以及教育实践内部割裂；乏力——中国基础教育改革都是自上而下驱动，缺少内生变革；空泛——教育面临具体怎么办的实践性问题，这是行动上的空泛。

如果站在全社会的角度，就会发现教育要解决的诸多问题都可以归结为教育实践与其他实践的关系问题。如果站在教育实践的立场，又要思考如何让所有实践方式都朝向教育，从而形成全社会教育的新格局和新体系。

具体来说，它涉及三方面的问题：转向全社会教育，需要什么样的起点？走向全社会教育，需要什么样的教育力作为基础性条件？面向全社会教育，各实践主体需要建构什么样的协同机制？

第一，要以教育眼光的转向为起点。新的教育眼光以实践为核心，它有三重含义。

"全教育实践"之眼。全社会教育与其他教育最大的不同在于，它秉持的不是社会眼光，而是教育眼光。首先，社会化只是其外在目的，其内在目的是教育化；其次，它将不再是社会的跟从者，而是全社会发展的引领者之一；最后，它的"全"是指全纳性的教育，包含学校教育、家庭教育、企业教育等一切教育。

"全社会实践"之眼。当我们以全社会实践之眼看教育，就是要从学校中的教育实践转向全社会的教育实践，它与全教育实践之眼的主要区别在于，后者关注的是体现多样、全面、渗透的"全"，前者则聚焦基于关联、综合、融通的"整"。

"全生命实践"之眼。全生命实践的"全"是指以促进人的生命成长为己任，贯穿教育实践全程。

第二，要以教育融合力的汇聚为基础。要让全社会教育之眼落地生根，就需要借助全社会的教育力，包括社会教育力、自然教育力、技术教育力、特殊实践教育力。

社会教育力是一种系统教育力，是依托全社会教育实践而来的能力。自然教育力是把自然力转化为教育力的能力。技术教育力是让技术成为影响人生命成长的重要教育力量。特殊实践教育力是来自某一特殊实践形式的教育力，例如来自政治实践的政治教育力，来自伦理实践的伦理教育力，来自经济实践的经济教育力等。

当上述所有能力汇聚为教育融合力，就能形成多育融合的产物。

第三，要以协同教育机制的建构为保障。要使全社会教育从理念落到现实，必须有具体可行的协同教育实践的运作机制。

它的产生需要具备三个条件：综合化——表现在教育系统内部的综合改革方式，旨在整合不同类型、不同层次和不同学段的教育；整体化——倡导以整体的思路和方式，推进人类全社会教育，它需要具备整体设计、整体推进和整体评价这三个条件；体系化——任何对综合、整体的设想都蕴含了对体系化的追求。

所有新机制的形成，都是在探路和筑路，这是一条不同社会教育主体的交汇之路，更是从"社会教育"走向"全社会教育"之路；从某一国家、地区和族群担当教育责任，走向全人类共同承担教育责任之路；从在教育中寻找世界和建构世界，走向在世界中寻找教育和建构教育的转型之路。

"在中国"与"在世界"：重新想象教育的未来

倪闽景

教育是人类最重要的发明

从世界看中国，站在世界看教育，从理性的角度来考虑"在中国"与"在世界"，未来教育的走向问题，我想从三对同时代人物开始。第一对是孔子和苏格拉底，他们是代表东西方教育的泰斗级人物，二人都采用对话式教育方式，但孔子更多倡导文化人、读书人去行动，为世界做自己的贡献；苏格拉底更多强调内省与思考。在彼时几百年间，春秋战国时期、古希腊时期，群星璀璨，我们称之为"轴心时代"，这奠定了中国精神文化的基础，也奠定了世界精神文化的基础。

第二对是郑和与哥伦布，他们也同属一个时代。1405年，郑和下西洋，由此开启了世界大航海时代。大约90年后（1492年），意大利航海家哥伦布从西班牙巴罗斯港扬帆出发，开始发现新大陆之旅。大航海时代由中国人开启，但明朝后来却用海禁进行自封，而西方在大航海时代开阔了整个世界，实际上是将整个世界真正连接了起来。

第三对是徐光启和伽利略，他们也同属一个时代。徐光启于1562年出生，他和利玛窦翻译《几何原本》，实际上差一点便要开启中国科学教育的方向，但很可惜，他于1633年去世了，1644年清军入关。而晚于徐光启两年出生的伽利略是世界现代科学的起点，开创了现代科学的实验方法和思想。

我们通过这三对人物的比较可以看到，中国"在世界"之间的两千年的发展历程中，有机遇、有辉煌，也有遗憾，而这与教育深切相关。

教育是人类最重要的发明。我们现在的世界来源于教育，如果没有教育，就不会有现代科技和现代文明。但教育也必然存在两面性。最近电影《长安三万里》刚下线，为什么唐朝出现那么多诗人？因为唐朝科举考诗赋，这大大促进了唐诗的繁荣。但到了明朝成化年间，科举制度变得八股化，就再也没有涌现过类似于祖冲之、张衡这样的科学大家。

重新想象教育的未来

立足于现在，站在世界的角度，放眼整个人类，思考我们教育的对象。

在世界，要做复杂问题的解决者。孩子们面临着无数的复杂问题，国与国之间、民族与民族之间的复杂问题，需要孩子们有大智慧去解决。

在世界，要做全新世界的创造者。孩子们将面临这样一个全新的世界——在物质世界和精神世界基础上，增加了一个数字世界。这个数字世界完全可以按照人类意志去创造，孩子们将是这个全新世界的创造者。

在世界，要做星际空间的开拓者。以前说"嫦娥奔月"，那只是我们的梦想，但我们的孩子将来真的会到月球上、到火星上生活。马斯克正在做的星舰，就是要在他有生之年，把100万人送到火星上。人类将开启星际大航海的时代，就像哥伦布发现新大陆一样。

在中国，要做传统文化与现代文明的融合者。中国几千年优秀的传统文化，与世界优秀的科学精神和理性相融合，需要通过教育来实现。

在中国，要做中国式现代化的建设者。孩子们的生活将从小康变成富裕，这是一个巨大的改变。未来的孩子如何在富裕时代生活出大国气象，在中国式现代化建设道路上不断接力？这需要我们共同来回答。

在中国，要做大国崛起、民族复兴的奋斗者。大国崛起犹如地壳板块运动，惊天动地，需要意志坚定、不畏艰险的奋斗者。当下，我们已经明显感受到大国竞争、科技发展带来的方方面面的压力。我们的孩子们是否能扛得住突然而来的科技战、金融战、文化战？

在中国，在世界，确实需要重新想象教育的未来。

人类通过创新实现进化

我们的祖先从猿进化到人这个过程，是一代接一代 DNA

的进化，但从现在开始，人类的进化需要通过创新来实现，而创新通过教育来实现，人类已进入通过创新实现快速进化的新阶段。

过去我们通过学习发达国家的教育来实现追赶，但今天我们需要科技的自立自强，这就需要教育有新的突破。如果我们的教育总是跟在别人后面，科学学科的思想、内容、方法总是跟随着别人，那么教育的跟随性会导致人才的跟随性，而人才的跟随性必然导致科技的跟随性。直面国家发展的需要，直面整个世界面临的转折，我们应在两个方面对教育有更深刻的理解：

一方面，教育过程中思维能力的形成过程没有改变，在每个人脑子里接一个插口，就拥有了智慧，这种情况是绝对不会出现的。人类具有的使用肢体的能力、语言能力、情感能力是机器所不具有的，同时人文、科技、数学知识依然重要，因为其中蕴含了大量价值判断、思维工具和解决问题的方法。

另一方面，学习将更多样、更公平、更自由、更加充满想象力。技术，尤其是科学的工具化，会给我们带来全新的挑战与机会。打个比方：100万年以前，如果我没有左腿，基本上活不过一个星期；但在当今这个时代，尽管没有左腿，我和你没什么两样，我跑得可能比你还快。技术解决了人们在躯体上的不公平，让每个人变得自由而公平。同样，以前一个智力平平的人是无法与智商超高的人相争的，但有了强人工智能后，一个智力平平的普通人，原本不会编程、不会设计，现在花5分钟就能学会编程和设计，就如当拥有了汽车、飞机等技术，一个身体残疾的人也能实现全球自由旅行一样，每个人都能通过人工智能新工具，拥有以前无法想象的创造力，每个孩子都有更大的能力来改变这个世界，创新必将成为未来教育的目的。

创新需要多样、理解、突破

创新有三个很重要的特征，一个是多样，一个是理解，一个是突破。

多样——创新的基础

学习塑造大脑，不同的学习过程、学习内容、学习程度、学习经历、学习方法会在大脑中形成不同的神经回路，不同的神经回路意味着每个人有不同的知识结构和思维方法，而不同的知识结构和思维方法，会让人对同样的事物产生不一样的看法，对同样的问题产生不同的解决思路，这就是创新的基础。

多样化的好处是让缺点与错误也能成为资源与优势，最终目的就是能够培养出有行动力但思维方法不一样的人。发现磷元素的布朗特不是科学家，而是炼金术士，他发现人的尿是黄颜色的，认为其中肯定有黄金，于是收集了5000升尿液进行"炼金"，却意外炼出了白磷。可见，创新不怕愚蠢，就怕相同。

理解——创新的环境

创新从来不是一个人的事情，创新需要一种认同的环境和容错力，这个环境需要靠文化来塑造。一个民族的凝聚力和认同度，来源于这个民族的文化积淀。一个民族之所以千百年历经艰难困苦依然屹立不倒，依靠的就是对文化之根的认同。中国文化的精髓所在，就是和而不同，也是中国的创新和西方世界创新的不同之处。

哪怕伟大如毕达哥拉斯，证明了勾股定理，但其学生希帕索斯因为发现了根号 2 "无理数"的存在，被装进大口袋扔进大海。创新是一种理解，它需要我们共同来实现，而这种理解基于人文教育，人文使人凝聚。

突破——创新的主体

任何在科学或人文上有所突破的人，都有很强的思维能力和钻研韧性，善于使用先进的工具，当然也包含先进的思想工具。把这三者合在一起，创新者就像一把刀，将某个领域捅破，就会带来巨大的创新发现。

思维构建源于何处？它来源于课内的"硬课"，如语文、数学、物理课程，系统的学科训练能锻造人的思辨能力，锻造人的大脑，没有思维的高度，不可能碰触天花板，因而课堂内的深度学习、系统学习，能构造孩子们的人文与理性。

同时，科技馆等课外实践基地，却能点燃梦境，让孩子们从兴趣走向志趣，寻找到自己需要深耕的那口井。

上海天文馆有三个主展区：家园、宇宙、征途。"征途"这个展厅的最后一部分叫《暗淡蓝点》，讲述了在"旅行者 1 号"飞出太阳系的时候，天文学家卡尔·萨根提议利用飞船最后的一些能量，让"旅行者 1 号"转过身，拍一张太阳系的"全家福"。在这张照片里，茫茫星空当中，地球只占有这张照片的 0.12 个像素。

卡尔·萨根这样写道："再看看那个光点，它就在这里。这是家园，这是我们。你所爱的每一个人，你认识的每一个人，你听说过的每一个人，曾经有过的每一个人，都在它上面度过他们的一生。"

科学，是更深刻的人文，它让我们更爱这个世界，更爱这个国家，更爱这个城市，也赋予我们教育更大的责任。

平等与卓越的张力——教育改革的内外限度

刘云杉

"别人家的孩子"与"我们的孩子"

教育，对于普通家长、民众来说，有一个突出的感受就是负担太重——在教育减负 1.0 版本中，学业负担重；在 2.0 版本中，学生的负担轻了，家长的负担却又重了，如经济负担、情感负担、时间成本等。现在盛行"内卷"一词，即教育竞争太强了，学业军备竞赛正呈现愈演愈烈的态势。我们用服务与消费来定位教育产业时，通常倾向于找一个信任、满意、负责任、有专业权威的学校与老师，于是教育越来越难、越来越贵，但遗憾的是并非越贵越好。

作为一个教育研究者，我发现教育所应奠定的秩序没有了。这个现象的背后是平等与卓越的张力，是教育的病症所在。

从一个隐喻开始。"别人家的孩子"既是一句日常的口语

（本土概念），也是一个隐喻，指高竞争下的优胜者。作为日常的概念，每个孩子的成长中，都有父母口中、同辈眼里的"别人家的孩子"做参照和榜样，成为激励或压力的机制；或者他们自己就是"别人家的孩子"。"别人家的孩子"背后的心理与情感是复杂的，赞赏、羡慕、嫉妒甚至恨，是"自家的孩子"与"别人家的孩子"的比较，是友好的激励或羞辱。作为一个隐喻，"别人家的孩子"出现，意味着"我们的孩子"变成了过去时。

帕特南在《我们的孩子》这本书里曾写道，20世纪50年代的克林顿港正是美国梦的一处梦乡：所有的孩子无论出身，都能获得体面的人生机遇；无论是否血脉相连，镇民们都把这群毕业生视为"我们的孩子"。但是半个世纪过去，克林顿港的生活已经成为一场美国噩梦，整个社区被划分为泾渭分明的两部分，两边的孩子各自驶向彼此不可想象的人生。这好像有一道自动上升的扶梯带着1959届的大多数学生向高处走，但就在"我们自己的子女"即将踏上之际，扶梯却戛然而止。美国梦已经渐行渐远。

关于美国梦，有这样一句经典表述："通向财富、荣誉和幸福的道路，向所有人都开放，每个人都可以成为对社会有用的人，只要愿意为之努力，每个人都可以踏上成功之路，成功可以说是唾手可得。"（出自1843年出版的《麦加菲读本》，美国第一本全国通行的中小学教科书）美国梦的典范林肯总统说："我碰巧暂时占据了这座白宫。你们的孩子中任何人都会像我父亲的这个孩子这样向往来此，我就是活着的见证人。"

然而，这个平等是机会平等，也就是胡佛总统说的：我们的社会建立在个人所获得的成就之上，每个人都有平等机会享有他的才智、性格、能力和使他有资格占有社会地位的愿望。但与此同时，他必须经受得住竞争这块金刚砂轮的磨炼。

机会均等必然带来激烈的竞争，这个背后是平等和卓越的张力。美国教育史上有杰斐逊主义和杰克逊主义，前者强调"有才干者的发展"，后者注重"普通人的机会"。如果更多考虑英才使得学术内容重，会导致课程难度大，进而很多学生学不懂；但如果只强调平等使得教学内容简单，便不能刺激有才干的人的发展。

这就带来了一个问题——我们需不需要承认差异？

人和人之间是有差异的。对于回避"智力、天赋"存在差异的现实，相信每个孩子都"能够通过适当的教育，成为他所期待的人"这一观点，哈佛大学校长科南特批判说，这"如同把拐子培养成足球运动员一样，是不切实际的期望"，是"杰克逊主义"遗风——"杰克逊式的民主坚称所有人生而平等，嫉妒智力上的先天优势，并鼓吹所有人的教育权利平等的原则"。科南特认为这是一种不切实际的平等主义，也是一种过度的平等主义。他坚持"一代人都从一个全新的起点上开始自己的生活，用努力的工作和能力……获得自己的回报"，美国梦需要一个"持续的过程，在这个过程中，每一代结束的时候权利和特权应该被自动重新分配"。

要使每一代归零，自动重启远不轻松，它不可避免地带来非常激烈的竞争。科南特也说："这个国家早期坚持的教育机会均等，并未使得每位学童都成为银行总裁、铁路大亨或者一船之长。但对于一位有才能且选对发展方向的年轻人而言，上述的职位并非可望而不可即。今天，天梯的底端就是教育。要想攀登这一天梯，就必须具备在一个世纪前争夺财富机会所需要的那种竞争力。"

这是朝向民主的"精英教育"的内在悖论：机会均等与自由竞争下的自我奋斗之梦的实质是个人主义。

办好人民满意的教育与个人主义的"机会教育"

办好人民满意的教育和个人主义的机会教育之间是什么关系？这是中国教育当前面临的重要问题。改革开放 40 多年来，普通中国民众习惯了搭乘自动上升的扶梯，习惯了向上流动的速度。当向上流动的激情遭遇结构的日趋稳定，教育开始面临巨大的不确定性。多数中国家庭目前仍是独生子女家庭，独生子女的家长不允许失败，不接受平庸。过度的教育投入，导致教育不再是教育。

在教育减负淡化考试，降低学业压力，让所有的孩子享受快乐的童年的同时；而另一方面，大量中高收入的家长选择了逃离公共教育体系，去往私立部门寻求更高水准的教育服务。这造成了教育的"双轨制"，便宜的公立教育和昂贵的私立教育并行，还有如火如荼的教育产业，如培训机构、校外教育市场和咨询机构。减负政策并没有遏制中产阶级教育支出的比例，相反，他们不得不背上了沉重的教育负担，构成了当前非常复杂的教育生态。

再来看学制问题。一方面，基础教育的均衡化面临这样一些问题，比如如何避免低位均衡？如何办公平且有质量的教育？另一方面，在高等教育里，有财政支持的院校分层——如Top2学校、"985"院校——背后有一个巨大的矛盾：基础教育的平等与高等教育的分层。当然，还有全球的教育选择问题。那么，旨在创新的、分层严重的高等教育和旨在公平的、均衡的基础教育之间如何衔接？

教育负担越来越重，是因为竞争的成本越来越高，不仅需要个体持久的专注、坚定的意志，也需要对智力、天赋超常的迷信，以及精明的眼光、昂贵的投资。这已经变成理性的经营，家庭、学校与培训机构在教育消费逻辑下的日渐趋同，共享一套相似的经营原则。围绕录取学校排名、选择专业的冷热、考生的名次、竞赛的奖项、自主招生的成绩，每一项指标都是一笔生意，甚至一条产业链。

激烈的竞争逻辑将教育公平的政治理想主义逆转为一个既精明又计较、虽务实却猥琐的教育功利主义者。因为学业成就不仅是个人的成就，还是家庭长年持久努力的结果。在高等教育大众化下，我们面临更大的困难，因为防御"下滑"与力争"向上"已经成为所有阶层（包括中间、中上阶层）代际传递中的深刻紧张乃至日常的焦虑。

中国教育已经嵌套进全球化之中，既有平等主义的诉求，也有中层的经营、投资与赌场策略，还有精英阶层维护其继承人的严格传承。在教育选择、兴起的"家长主义"之后，"龟兔不必再赛跑"的多元性与选择性和"开宝马的乌龟"，两者到底谁会面临更严苛、更张扬的资本排斥？多元的教育选择，究竟是真实的多元还是虚假的多元？对"素质教育"不同的定义下是一个失谐的社会。多元如何避免教育彼此封闭的"部落化"，进而碎片的"马赛克化"，这是我们今天不能回避的问题。

教育有两类"理念型"：一类是精约教育，将向上的动力如同一部发动机一样安置在学生的心中，学校还用一套细致且严密的制度，确保学生完成身心的蜕变，养成终身受用的习惯和品格。在苦中苦之后，是习惯的养成、意志的磨砺以及高卓的快乐，这是一切精英尤其是平民精英自我塑造的艰苦历程。还有一类是博放教育，学生不仅能够选择学什么，还能选择什么时候学、在哪里学、跟谁一起学、以什么方式学，追求在集体之外让每一个人都变得伟大。

这一对"理念型"教育模式反映了中国社会的断裂：大城市尤其是社会的中上阶层开始体验与享受素质教育的成果，而中小城市、乡村与社会中下阶层信任与选择的仍是"应试教育"；中国社会的中上阶层与中下阶层在对"继承人"的培养途径、对精英的塑造策略上出现了明显的分歧。这两种模式离奇地组合在一起，使得既有受压迫的儿童，也有被宠坏的孩子。而今天，我们的现实远比这个简单的二分要复杂得多。

"无限的儿童"背后是现代"无限病"，教育病不过是社会病的出口，精约教育嵌入中国当下的政治经济结构之中，让每个人往上走，是一个人对一切人的战争，这背后是无限病。博放教育嵌入中国当下的观念与民情结构之中，是一种无限症，是极度的个人主义。

我们需要认识到，教育改革从来不是在真空中进行，它既有政治经济背景，也有观念民情结构。我们在羡慕芬兰的创新教育时，在热情地引入各种先进的教育模式与理念时，要忘记学校不是一个可以移植的"飞岛"。我们在构想未来教育时，需要警醒未来不是建立在空洞的沙地之上，未来不是没有过去与现在——既非一个时间上空洞的想象，也不是一个借助技术与互联网的既"超人"更非人的"乌托邦"。

教育竞争：竞优还是竞次？

"竞优"还是"竞次"，这对概念来自全球工作机会的找寻。全球拍卖出现了由赢家和败者所结成的复杂的网，超出了国界，这时再从国家经济或家庭平均收入角度来讨论个人和家庭的命运，已经变得没有意义。西方政府面临在被迫分为"头脑"的国家与"肢体"的国家间重新思考的处境。全球经济的增长会促进无国籍精英的发展。赢家既掌握技能和知识，又有开创事业的头脑和锐气，这些天之骄子在全球经济中的价值将会被继续高度重视。如果他们不能被界定为顶级人才，就要与高技能、低工资的劳动者处于一场逆向竞标战当中。

在平等与卓越的张力中，我们培养出来的最优秀的学生究竟是在"竞优"还是"竞次"？竞优更有创造性，更敢于将自己置身于不确定中勇敢探索，能真正提出根本性的问题，这也就是创新性学习。而竞次是尾随性学习，害怕犯错误，不能有任何风险，不能有任何瑕疵，这种模式下培养出的人顶多是解决问题的高手，却很难提出真正的问题。我们是以拔尖的模式来培养"创新人才"，还是以创新的模式来培养"拔尖人才"？"拔尖"意味着成功，它是以结果、评价为导向，其策略是不能失败。"创新"则体现在知识与真理的探究上，探究充满着不确定，而"创新"唯一确定的前提是"不怕失败"。这是我们面临的国家战略。

教育成为社会改造的杠杆？

孩子是父母的心头肉，教育是一家一户的大事，更是"国之大计"。这启示我们：在谈教育平等时，要认识到宽松教育可能带来的平庸；在谈机会均等时，要认识到自由竞争的残酷；在谈卓越人才培养时，要清楚更有可能被竞争后的拔尖所架空；在谈教育选择时，要认识到多元选择后隐含的社会分化甚至分裂。

在教育内部，我们要注意因材施教，要承认差异、尊重差异。巴格莱在批评宽松的进步教育时指出：应为"普通人"提供紧急的教育机会，坚决反对为所有人提供"软弱"的教育，今天美国教育的情况就是如此，它既没有对聪明的学生提供适宜的刺激，也没有对一般学生提供适宜的刺激，使他们做出最大的努力。

教育改革的各方需要更谨慎地面对自己的社会结构与文化情景，人本主义教育不应成为软弱无力的、逃避的、疗伤的教育，社会适应的教育也应避免成为严苛、"内卷"却空转、压迫的教育。两者之间如何不自说自话，越拧越紧？如何建设温和、理性且有力量的教育？

教育以稳定引领时代，以不变应万变。教育不仅是创新的力量，还兼具保守功能（保存文化），作为一种稳定的力量，奠定最基本的秩序。同时，教育不是追逐热点，尾随风潮，与时俯仰；而是作为一种文化传承与稳定的力量，作为一种社会团结与秩序建立的重要机制，在现实的、具体的、历史的维度谨慎地建设。就此而言，我反对将教育作为一个各种未经检验的思想观念的试验场，更不能作为各种模式的试验田。

教育改革绝不应往沸腾的热水中浇冷水，在解决一个麻烦时衍生更多的麻烦。学校能成为社会改造的杠杆吗？进步教育从气宇轩昂、飘在云端的社会改造论，迅速蜕变为谨小慎微、趴在地上的社会适应说。赫钦斯指出，把教育看作社会改造的工具，既不明智，也很危险。教育如果沦为社会各种利益集团博弈争斗的战场，在高度服务社会需要的同时，就会变成各种社会问题、社会矛盾的"垃圾场"。

当"办好人民满意的教育"成为教育宗旨时，我们更要清楚：教育中，国家的作用绝不仅是教育消费的供货商。在教育沦为家长主导、各利益群体博弈的战场时，国家应谨慎调和平等与卓越的张力，还原教育的根本。

让学生创造着长大，创造 21 世纪的理想课程

—

张　华

"积极参与知识创造是人的最高特权和自由的唯一保证。"让每个学生成为知识的创造者，让每所学校成为知识创造的乐土，是未来教育的愿景。

直面"新变革"下的"新课程"，统整素养导向、综合育人、实践育人，培养学生解决复杂问题的高级能力与人性能力，让学生置身"真实生活情境"和模拟专家创造知识的"准专业情境"，打破学科边界，在表现自己理解的过程中发展理解力，让校园深度变革下的知识与实践导向高质量的核心素养。

导向深层变革：从价值论阶段到认识论阶段

2001 年提出的课程改革，旨在解放每一个学生和每一个老师，构建符合素质教育要求的基础教育体系。改革提出

"为了每一个学生的发展"的教育理念，成为课程改革的价值论阶段。2001年启动的课程改革，与1922年的课程改革，实现了跨越世纪的遥相呼应，均指向实现民主、科学的思想启蒙。

立足当下，本次课程改革提出的重要理念是素养导向，即"核心素养观"。与2001年相比，除继续坚持教育民主、科学的方向外，本次课程改革试图走向更深层的变革，改变原有的知识观和认识论。其根本要点在于，要真正为了每一个学生的发展，尊重每位学生的个性、独特性，尊重学生的思想自由。

课程改革体现的理念之一，是把孩子创造知识、探究世界的过程转变为今天的教和学的过程。每一个学生都是知识的创造者，学习知识的过程是对知识创造发明的过程，把知识创造变成学生的学习方式。概而言之，孩子需要在创造中长大，而不是长大了再创造。

面向未来，聚焦核心素养，变革育人方式，素养导向、综合育人、实践育人的统领，既契合义务教育阶段6—15岁孩子身心化发展特征，又体现出信息时代对人创造性的要求。

在新课程观念中构筑未来教育观

未来不是一个时间概念，而是一种社会特点和性质。信息技术得到普遍运用，不确定、急剧变化是未来社会的典型写照。如果不能将急剧变化带来的不确定性变成可能性，就不能适应时代的变化。所谓"未来教育观"，即主张面向未来急剧变化和高度不确定的情境，培养学生适应变化并拥抱"不确定性"的态度，善于解决真实情境中复杂问题的高级能力，勇于承担个人选择后果并履行对他人和社会义务的责任感。

教育要培养的人不是回到过去，而是能够创造未来，人人都能创造新世界，创造面向未来的自己的观念与思想。怀特海说过，"现在是未来和过去的'会客厅'"，要反思过去，畅想未来，过好现在，能够更加坚实地、富有远见地去体现现代教育观，也就是"教育即生活"，即尊重每一个儿童的"现在"。

"未来教育观"也让我们反思中国教育长期接受的"讲授主义"教育观。如果老师们继续系统讲解书本知识、系统布置作业和考试、将成绩当作学习好坏的单一标准，这样的"讲授主义"教育便是"过去教育"，是"教育的渎职"。

随着"第四次工业革命"的到来，人类面向一个去中心化、分布式、网络化、联系化、虚拟与现实交融的"数字交往时代"。工具的改变促使人思维方式的改变，课程理念也必须改变。践行未来教育观的课程理念应具备：第一，课程的人性化和个性化。把人的尊严作为教育课程和教学的首要因素，在尊重每个人的基础上考虑个性化差异，为每个学生定制适合的课程。第二，课程的社会化。使学生在学习知识的方式中、在交往与写作中走向共同体。第三，课程的创造化。摆脱标准答案、应试教育，让孩子们把自由创造变成一种生活方式、学习方式。第四，课程的信息化。让课程借助信息技术和丰富的无边界资源，突破教室和学校的狭隘空间。

基于核心素养观，走向"新三维目标"

在信息时代，知识的创造速度加快，被淘汰的速度也在加快。应对知识创造与迭代的争相竞速，核心素养观成为本次课程改革的根本追求。

核心素养概念诞生于国际上的"核心素养运动"。这些运动中产生了两类核心素养：一类是跨学科核心素养，即21世纪四大素养——交往（communication）、协作（cooperation）、批判性思维（criticism）、创造力（creativity）；第二类是学科类核心素养。同时，课程目标也发生了根本变化：内容上，从学科知识与技能转向"概念性理解"；形式上，由"学科内容＋行为动词"，转向"认识事实""理解观念""像专家一样做事"的三位一体。

"核心素养观"即让课程目标始终聚焦于培养学生在真实情境中解决复杂问题的高级能力和人性能力，也就是培养学生可普遍迁移的正确价值观、必备品格和关键能力。

核心素养是适应信息时代的挑战中必须具备的高阶能力，以高阶思维和人性能力为代表，其和做题的关系不大，而指向做事的能力和创作的能力。在今天，孩子们缺少了干农活、干家务活的机会，怎么办？那便在课堂上做事。让学科观念和知识回到真实情境，创设出真实任务，让课堂成为孩子做事的地方。

核心素养观蕴含新的课程目标观。课程目标走向整体性，"三维目标"应融为一体；课程目标具有高级性，关注以批判性思维、创造性思维和协作式思维为核心的高阶思维能力；课程目标具有进阶性：学习的进阶是学习的路径、轨迹、旅程，核心素养的发展是复杂的螺旋式上升发展。

这意味着基础教育体系开始走向"新三维目标"："大观念"，一门课程中少而重复、强而有力、可普遍迁移的"概念性理解"；"新能力"，将一门课程的大观念及相应知识技能用于真实情境、完成真实任务、从事真实事件的做事能力与品格；"新知识"，与"大观念"建立内在联系并得到应用的关键学科事实或知识技能。

理解性教学观：在表现理解中发展理解力

所谓"理解性教学观"，即认为知识的本质是理解或问题解决，教学即选择"少而重要"的学科大观念，创设真实情境，让学生以小组合作的方式，运用学科大观念解决真实问题，经历真实实践，产生个人理解。

"理解性教学观"产生于理解教学运动，并经历了三个阶段。

第一阶段是进步教育运动时期。这一阶段的理解教学运动诞生于 20 世纪初至 20 世纪上半叶，杜威和怀特海等是有力倡导者和理论奠基者。教学要有真实情境，要提出问题、提出假设、展开行动、验证假设。杜威提出，理解是"理智行动的源泉"，"理解必须依据事物如何运作和如何做事而界定。理解，就其本性而言，与行动相联系"。怀特海说："我对'理解'的界定，基于一个法国谚语：'理解一切，就是忘掉一切。'书呆子会嘲笑'教育即有用'这一观点。但如果教育无用，那它是什么？难道它是藏着不用的才能吗……教育是有用的，因为理解即有用。"

第二阶段是 20 世纪 60 年代肇始于美国、影响波及全球的"学科结构运动"。一门课程中主要的东西是本学科的基本概念，当时叫学科结构，结构只能通过发现学习或探究学习去理解。布鲁纳主张：理解就是"超越给定信息"，将知识运用于新情境。学生学习各门学科的重要目的是"创造他自己的内部文化""成为自己的艺术家、科学家、历史学家和航海探险家"。

第三阶段是 20 世纪 90 年代以后世界范围内兴起的"理解性教学运动"。这一阶段的理解性教学直接针对信息时代，聚焦于发展学生的"概念性理解"与核心素养。信息时代和知识社会对教育提出了发展核心素养的紧迫要求，认知心理学、教育心理学以及新兴的学习科学也提供了大量令人信服的证据。

概念性理解不可传递，需要亲自去经历，并在实践中反复尝试，因此必须以大观念教学为目的，进行大单元设计。在这次课程改革中，"理解性教学"指向为理解而教，为理解而学，为理解而去设计课程，各门学科均如此，在表现理解中发展理解力，是素养本位课堂教学的总原则。用爱因斯坦的话说："最重要的教育方法是让学生去实际表现。"那么教师的课堂教学应如何展开？

首先，将课程内容进行整合和具体化，提出供学生深度学习的有意义的单元主题。其次，教师要围绕单元主题提取核心概念，形成可普遍迁移的"大观念"。再次，围绕单元主题内容和"大观念"提出贯穿始终的"引导问题"。最后，围绕"大观念"和"引导问题"创设真实情境和真实任务，设计系列探究活动，让学生像学科专家一样思考与行动，亲身经历知识的诞生和应用过程。

指向深度学习的跨学科学习观

信息时代是学科爆炸的时代，也是创造力爆炸的时代，跨学科学习成为重要发展趋势之一。"跨学科学习"，即认为学科是从社会生活（主要包括日常生活和职业生活）中逐步分化出来的，学科与社会生活和自然世界存在内在联系：学科与儿童的心理经验存在内在联系，二者属于同一个实在；不同学科之间的边界是可渗透的，可以根据学生的认知特点和发展需要进行不同程度的融合；跨学科学习既是发展学生的批判意识和自由人格的要求，又是培养学生的核心素养的条件。

跨学科概念起源于"跨学科运动"，国际上的"跨学科运动"诞生于20世纪70年代，皮亚杰创造了"跨学科"一词，第一本主要的跨学科著作于1972年出版，即由埃普斯特尔等人主编的《跨学科：大学教学与研究问题》。90年代后，跨学科运动开始系统兴起，并诞生三种不同类型：一是多学科学习，保留学科边界和名称，在重要主题上建立学科之间的关联；二是狭义的跨学科学习，将两种或两种以上的学科融合，形成一门新学科；三是超学科学习，围绕重要现实生活问题，把学科真正变成理解世界的工具。

为理解而学、为生活而学、为学科而学，首先要充分尊重学生年龄心理发展特征，选择恰当的课程统整策略。其次，所有学科或学习领域均应体现"综合育人"原则，让课程内容与当地社会生活和学生的心理经验建立内在联系，不断提高课程内容的适切性，让学生切身感受到课程学习的意义。再次，各门学科 10% 课时的"跨学科主题学习活动"要围绕"跨学科概念"科学设计并实施，真正走向深度学习，产生可迁移的"跨学科理解"，让学生体验"创中学"的乐趣。

在行为表现中践履表现性评价观

一种能力无论多么高级和个性化，它总会有所表现。摆脱行为主义的桎梏，便确立一种"新表现观"，从而理解素养与表现的复杂关系。指向核心素养，"表现性评价观"认为，虽然人的核心素养与外部行为表现存在本质区别，但二者也存在内在联系。核心素养是行为表现的依据和引领，行为表现是核心素养的"出口"与发展途径；核心素养只能通过植根于情境的表现性任务而评价，标准化测验则鞭长莫及；学生完成表现性任务的过程既是评价过程，又是教学与学习过程，学生在日常学习过程中持续表现核心素养而发展核心素养。

20 世纪 90 年代，美国兴起"表现性评价运动"。其重要发起人之一威金斯写道："我们运用知识去表现的能力，唯有当我们创造我们自己的某种作品时才能被评价，该作品运用全部知识和技能，并对身边的特定任务和情境做出回应。"哈佛大学教育研究生院理解性教学项目的主要引领者加德纳认为，最重要、最基础的工作是确定并发布理解力表现。他说："径直地说，学生必须知道他们必须做什么：他们必须熟悉他们被要求表现其理解的方式；他们必须领会他们的表现将被判断的标准。"

同一时期，伴随计算机科学和人工智能的发展，"构成主义"思潮兴起。该思潮的引领者派珀特认为，只有将头脑中的观念表现、外化为"公共实体"时，才能促进观念发展。这不仅促进了表现性评价的发展，而且使表现性任务的设计和实施与项目学习融为一体。

这意味着教师首先要研究课程标准中每学段课程核心素养的表现及相应学业质量标准，形成表现性评价的整体视野和宏观图景。其次，根据单元主题的大观念及核心素养目标，联系课程标准中相应的学业质量标准，开发植根真实情境的表现性任务，并根据对大观念的理解水平和核心素养发展状况，研制表现性任务的评价量规，以评价学生完成一个单元之后对大观念理解和核心素养的发展状况。最后，将表现性任务及评价量规转化为学生的平时课堂学习活动，体现表现性任务的累积性以及核心素养的进阶性和发展性。

让学生创造着长大，让教师创造着工作，让每一所学校成为创造的乐土，这是 21 世纪中国教育的愿景，也是本轮课程改革所追求的目标。

当下的审美重建：美育的可能性？

——

易晓明

当古典社会的桨声杳然远去，审美重建是当下教育的重要议题，我们该如何思考"人之为人"的生命意义，重建个体心灵和群体信仰？在具有"超越性"审美体验中，我们体会到"大地上的山水"与"无数远方的人"，进而从具象的美上升到理念的美，从自然人走向理性人，在追求恒定的价值中培养出美的心灵和健全的人性，培养出一个真正完整的人。

一种审美化的生活

江雨霏霏江草齐，六朝如梦鸟空啼。

无情最是台城柳，依旧烟笼十里堤。

很多古人登台城怀古伤今，写下伟大诗篇。今天在此地探讨审美话题也着实应景。

王阳明曾说："你未看此花时，此花与汝心同归于寂；你来看此花时，则此花颜色一时明白起来，便知此花不在你的心外。"他尽管站在自我主体的立场，但也突出了审美存在于主客体的关系中。花的外形、色彩、香味等唤起了我们的感知觉、情感、想象、理解，并与生命历程中的经验、故事产生对话和交流，这时我们所获得的身心愉悦、感动以及心灵的启迪，正是美感。

审美是一种独特的把握世界的方式，那么它所建立的主客体关系与科学、道德有什么不一样呢？

18世纪德国哲学家鲍姆嘉通创立美学，提出了"审美"概念。他认为我们已经有了逻辑学和伦理学分别探讨人类的认识和道德问题，恰恰缺少一门学科研究人如何通过感性认识来把握世界，美学正是这样一门学科。他提出"美是感性的认识的完善"，即感性认识也能够像理性认识一样去把握对象，达到自己的完善。"这完善也就是美。"理性认识所达到的完善是"概念、命题及其相互联系的内在一致"，感性认识的完善是"感性表象的明晰、生动、丰满与主题的和谐"。审美能力正是通过感性认识获得表象的能力，这种能力不只是感官的刺激反应，而是"理性类似的思维"，或称为"美的思维"，它体现了感性和理性的统整。

在鲍姆嘉通的基础上，康德指出审美或美感是一种反思性的情感判断。一方面，它是从个别事物的感性形象出发，不借助概念，以情感为桥梁，以感性形象生发的自由想象力为基础的判断，所以不同于以逻辑理性和道德理性为基础的判断。另一方面，由于审美是与功利、私欲无关的情感判断，所以又具有理性判断所到达的那种普遍意义和道德共通性，正是这种普遍性和共通性使得审美能让人超越个体、超越快感，从自然走向自由。

可见，审美不只是审美主体的感官激起，它更是感发，即审美对象与审美主体的经历、情感的共鸣及精神上的唤醒和启迪。从这个意义上来说，审美关乎意义、关乎心灵。美就是一种人生态度。

这也正是中国古人所追求的人生审美化。孔子赞同曾皙的志向，即"暮春者，春服既成，冠者五六人，童子六七人，浴乎沂，风乎舞雩，咏而归"的生活态度，追求超越了庶务之后所达到的"从心所欲，不逾矩"的人生境界。

清朝的《浮生六记》描写了作者与妻子芸娘之间如何在平平淡淡的日子中过出一种品位，一种趣味，一种雅洁的生活状态。李渔以《闲情偶寄》系统去谈生活，衣、食、住、行、园艺、茶艺等。

这就是中国古人所倡导的一种审美化的生活，它其实带来人精神上的自由、生命的和谐。西方也有著名的哲学家有此论述，杜威在《艺术即经验》中谈道，审美经验和日常生活经验在今天是断裂的。我们好像认为只有去欣赏了艺术作品，去做了什么样的审美活动，才是美感体验。其实，审美经验具有更丰富的内涵，能落脚到人们日常生活的每时每处。当日常破碎的经验成为完整、独特和整全的"一个经验"时，日常经验就是审美经验。

审美素养的三个落差

卢梭在其著作《爱弥儿》中说："出自造物主之手的东西，都是好的，而一到了人的手里，就全变坏了。"社会不断发展，今天很大的问题是当我们的逻辑理性不断发展之后，却忽略或忘记了审美是人类一种本源的和世界的关系。国民的审美素养状况并不乐观。

比如，各个城市都在搞市容建设，却不免陷入城市特质、文化和历史丢失的同质化。我们喜欢用番茄炒鸡蛋的颜色做招牌，但是这两种明度都高的颜色，未必给你一种审美的愉悦感和体验。幼儿园的很多设计，喜欢用非常鲜艳的颜色，其实这并不利于培养孩子的审美感受，道家早就讲过"五色令人目盲"……

同样，在我们的城市中经常可以看到毫无美感的建筑。相比之下，挪威安多亚岛的 The Whale 观鲸文化中心，外观看起来低调而充满诗意，弧状的石造屋顶不仅融入了周遭的岩岸地形，并且选用当地未做加工的石材，让这屋顶就跟周围的岩石一样，也会随着时间而爬上青苔。更独特的是，该建筑的设计灵感来自观光对象——鲸鱼。从远处看起来，The Whale 就像一头鲸鱼的尾巴从海平面上升起一般美妙。

当然，当今中国也有一些能给我们带来震撼与美感的建筑。建筑学家王澍先生在设计中国美术学院象山校区时，把中国传统的山水、人文、艺术与建筑有机结合，营造出中国画里的三远境界——高远、深远、平远。校区有些台阶全用长竹条，意在唤醒我们已经缺失的那种对世界的敏锐感知——走在坑坑洼洼、高低不平的路上，重新找回走路的感觉。

我们曾做过近一万份的中国国民的审美素养调查，结合调查以及现实的观察，我们可以发现当代国民的审美素养明显地表现为三个落差。

一是浅层审美经验与深层审美经验之间的落差。在当今这样一个超级审美化的世界，现代人在对各种各样美的物品、空间、影像目不暇接的感受和自觉自愿的追求中，过于追求形式的漂亮、寻求感官的刺激和满足，这是浅层审美经验的第一个表征。审美经验的功利化和符号化构成了第一个表征。审美过程的短暂化和审美经验的碎片化是第二个表征。

与浅层审美经验相对应的是深层审美经验。深层审美需要我们驻足，去留意审美对象的美好，不仅要看、听，也需要闻、触等其他身体感官的参与，不仅需要以身体感知，而且需要融入情感、想象，与审美对象进行多次往复交流。经历了从感知形式到把握内在意义的完整过程，一个清晰而完整的审美经验才得以形成。

二是日常生活的审美化与生活态度的审美化之间的落差。日常生活的审美化在当今社会，尤其是都市，已经是一个普遍的趋势。我们已经被拘裹在一个被美化的世界里，然而日常生活的审美化是不是只停留在用美和艺术来装点和丰富生活呢？

当代中国人最经常说的一个字就是"忙"，为生计而忙、为名利而忙、为处理各种人际关系而忙，每个人好似上了高速公路，一路追奔下去，没有停留，无视窗外的美景，有的却是心慌、焦虑以及各种亚健康体征。生活态度表现为一个人如何看待生活的价值意义，如何看待生活中的利益得失以及自己生活和工作的状态。在很多美学家看来，审美素养就是一种从容、闲适、淡泊、整合的生活态度。

三是审美需要与审美创造能力之间的落差。在中国国民审美素养调查的三个维度中（包括审美经验、审美观念、审美创造），审美创造得分是最低的，表现在国民缺乏审美的想象和创意，以及将创意通过艺术化的手段表达和制作出来的能力。国民审美创造知识与技能的缺乏还表现在艺术表达与创作方面。艺术表达和创作能力是衡量一个人艺术素养高低的重要指标，国民艺术素养的高低会直接影响国民在生活中的审美创造能力。

建构大美育体系

席勒在《审美教育书简》一书中第一次提出了美育的概念，他说："有健康的教育，有审视力的教育，有道德的教育，也有趣味和美的教育。最后一种教育的意图是，在尽可能的和谐之中培养我们的感性和精神的整体。"席勒为我们指明了两种对美育的不同理解：一种是与体育、智育、德育并列存在的，有着自身独特规律、目的和内容的教育形态，即它是关于"趣味和美的教育"；另一种则是把它理解为"教育"本身的价值取向，即教育应使人的感性和精神的整体达到尽可能和谐。

总之，美育是激发和丰富人们以情感、想象为核心的审美经验，发展其创造美的能力，从而促进他们感性和理性和谐发展，实现审美化生活的教育。为了重建审美，我们需要构建艺术课程、生活美学课程、生命美学课程以及学科美育相结合的学校美育课程体系，实现家庭、学校和社会一体化的国民终身美育。美育将在以下几方面发挥其应有的价值。

第一，美育要调动受教育者的各种感官，激活他们原有审美感受性，在充分感知和体验美的色彩、声音、形式和形象中，不断积累和发展审美情感、审美意象，促进审美想象和创造。

第二，美育一定是要引发受教育者将审美对象和自身联系，由外到内激发一种生命体验，产生一种生命感。中国古代讲礼乐相通，乐就是审美教育，给人心灵的震撼之大堪比道德说教，它是用具体生动的形象唤醒学生的感知，在情理交融中感动学生的心灵。

第三，审美最终应该指向人生的审美化，促进受教育者将破碎的、平凡的日常经验向完整的、清晰的经验转化。苏东坡被贬黄州，在极度贫困潦倒的状态下，做"东坡肉"，酿"东坡酒"，借了一块官地，因地制宜，冬种麦夏种稻，"春食苗，夏食叶，秋食果，冬食根"。中国人在谈审美、谈艺术的时候，绝不是在器的层面，而是上升到道德、精神、人格的层面。

2014 年，美国颁布了《国家核心艺术课程标准》，其中对艺术的界定是这样的：艺术是交流，艺术是创造性的自我实现，艺术是文化和历史的联系者，艺术是到达幸福的途径，艺术是社会参与。

这项标准已经完全不把艺术定位在一个技术的层面，而是建造一个大美育概念——一方面有独立性美育课程，现有的音乐、美术等艺术课程无疑是最为重要的美育实施途径；另一方面有生活美学类课程，内容包括对自我生命、自然生命等的审美体验和思考。

教育哲学家格林曾说："教育意味着开启一种新的看、听、感觉、行动的方式，意味着培育一种特殊的反思与表达。而审美教育正是这种实现人的完整发展，实现人的认知、情感和想象完整发展的教育。"

在格林看来，美育为人们开启一种新的、不同的看待、感受、思考世界的方式，而且越是积极地感受，全身心地参与，人们就越能够发现更多、感受更多，这些丰富的感性和理性和谐交融的审美经验可以帮助人们寻求与他人、与世界更好的联系，寻求个人的根基，更好地理解自我，以至于打破枯燥、被动、厌倦的生活，从而去建构新的意义，发现一个充满色彩、声音和不确定的新的世界。

儿童的哲学情怀就像花儿一样需要阳光

朱永新

儿童到底有没有必要去学哲学？

把儿童和哲学相提并论，我们很多人都感觉很诧异。因为很多人说我们成人连哲学都搞不清楚，怎么能让儿童去走进哲学？那么，儿童到底有没有必要去学哲学？答案应该是肯定的。哲学这个词源于古希腊语，按照词源说就是爱智慧。哲学在一定意义上源于内心对未知世界的好奇心，源于对未知世界及其相互关系的探索。儿童天性中就充满着对于世界和自我的好奇，充满着对于自然、社会、自身的许多疑问。在这个意义上，儿童天然的就是一个哲学家。

有很多童书作家，把哲学问题作为自己儿童作品的创作母体，比如于尔克·舒比格写出了《当世界年纪还小的时候》，以及碧姬·拉贝、米歇尔·毕奇的《写给孩子的哲学启蒙书》。很多学者更是直接研究儿童和哲学的关系，比如意大利学者皮耶罗·费鲁奇的《孩子是个哲学家》。

很多问题没有标准答案

儿童本身是哲学的天性。应该承认，儿童的这种天性，如果不给予关注，不给予呵护，不给予滋润，就像他的其他天赋一样会消失、衰落。这种哲学情怀并不是永恒的，随着时间的推移，随着成年人对儿童的好奇心和求知欲的淡漠，甚至打击，儿童对于世界的追问和探索就会因为那些淡漠和打击无疾而终。随着儿童生活在一个只关心柴米油盐酱醋茶的生活空间里，儿童就会失去对哲学的关注和对世界的关注。

儿童的哲学情怀本身就像花儿一样，是需要阳光滋润的，也需要赋能。学习哲学是一个非常重要的路径，正因为如此，那些有远见的国家非常重视儿童的哲学教育，比如美国的儿童哲学重在对思维的训练，欧洲的儿童哲学重在激发智慧、探索人生的根本问题。像澳大利亚，自20世纪末，就在各个阶段开始儿童哲学的课程。在具体的做法上，每个国家都围绕自己的目标有着相应的措施，尤其是法国，我们知道，法国历史上曾经出现过像笛卡尔、伏尔泰、萨特等影响过人类思想史的大思想家和大哲学家。这和法国重视哲学的传统是分不开的。

有很多资料显示，法国人从孩子三四岁开始就为他们开设儿童哲学工作坊。还有法国学者到中国来，给中国孩子开儿童哲学工作坊。在法国，哲学课的地位跟法语、数学、物理是相提并论的。我们知道在法国高考——所谓法国的高中会考，很重要的就是考哲学。法国的高中会考分为三类：文科类、社会经济类和理工科类。文科类考生的试题包括：我们的道德伦理观是建立在经验之上的吗？无尽的愿望是人的本性吗？等等。社会经济类考生的试题包括：我们一直都知道自己渴望的是什么吗？为什么我们学习历史是有好处的？等等。理工科考生的试题包括：工作越少生活就越好吗？我们应当用认知来认证吗？等等。他们的作文就是他们的哲学。

法国教育部认为，让儿童学习哲学，不仅仅是为了培养他们的情怀，更重要的是培养他们的批判性思维，并且建立理性分析坐标，以领悟时代的意义。我看了他们每一年的题目，都是如此，从来没变，这种问题意识、怀疑精神和批判性思维，是哲学一个非常重要的价值所在。

周国平老师是我很好的朋友，他出版了《女儿四岁了，我们开始聊哲学》系列图书。我跟他讨论的时候他说：儿童为什么要学哲学？如果只想让孩子做一个应试的机器，将来作为一架就业的机器，没必要学哲学；如果要让孩子成为一个优秀的人，哲学就是必修课，因为通过对世界和人生的既无用又无解的重大问题的思考，给予人的是开阔的眼光。在我们很多人看来哲学是没有用的，不能解决吃饭的问题，更重要的它还是无解的，没有标准答案和结论。我们有的时候把哲学作为一个有解的看法是有问题的，包括我们这套书在编写的时候，其实可以更开放一些，很多问题是没有标准答案的。

哲学给人这样一种开放的眼光、自由的头脑和智慧的生活态度，这些是可以造福人生的。当然也可以造福国家、造福社会、造福人类。因为一个和谐的社会，一个真正面向未来的民族需要一群有思想、有头脑、有批判精神、有建设能力的哲学家。学习哲学不仅仅是个人的事情，也是社会的事情。

长期以来我们的教育围绕着应试在展开，聚焦的更多的是知识或者技能。我们成年人的生活也习惯于关注身边的衣食住行和生计的问题，对形而上的哲学问题很少关心。因此在中小学教育中，自然很难有哲学的地位，也很少鼓励真正的哲学思考。其实正在致力于弯道超车的中国特别需要哲学思考，当经济发展到一定程度，物质生活到达一定水平，人们只有进一步追寻生活的意义和生命的意义，才能用精神生活去引领我们下一轮的发展。

形而上的哲学思考，与形而下的习惯养成

信息时代，儿童特别需要哲学的启蒙。信息爆炸让人们很容易迷失在碎片化的信息之中，很难对碎片之间进行哲学的思考和组合，很容易出现盲人摸象的错误。哲学的形而上让我们的孩子不那么偏激，学会用完整眼光看待世事万物，更从容地创造属于他们幸福完整的生活。因此，当几年前王雄决定要编写这套儿童哲学童话的时候，我就非常兴奋，也答应做这套书的名誉主编。

有人说我好像做名誉主编的书多了点，为他们写序的事情多了点，我也在反思这个问题，为什么会这样？谁在做我认为有价值的事情，我就愿意为他站台及为他喝彩。多是多了点，我可以说这么多的事情都是有意义的。因为我不能左右他们最终的质量，但是我会尽可能去帮助他们，不断完善，不断提

升，把事情做得越来越好。

我们一直认为，儿童一方面需要形而上，形而上就是哲学思考，另外一方面也需要形而下，形而下就是良好的行为习惯。我们除了要关注形而上，也要关注形而下；除了推进公民教育，推进哲学思考外，还要特别注重儿童的心理学，每个月培养学生一个良好习惯。习惯是人的第二天性，而且我们思考本身也是非常好的习惯，追问、怀疑也是行为习惯的一部分。一个社会既需要仰望星空的哲学，也需要脚踏实地的行动。

这套书从人和自我、人和自然、人和社会三个维度，以魔幻森林、昆虫家园、可爱乡村、神秘海底为题材，围绕和平、民主、平等、正义、勇敢等 54 个问题展开哲学童话。这套书和大家见面非常不容易，我见证了整个过程，是非常值得庆贺的事情。

因为这套书的作者大部分是中小学教师，相对来说缺乏写童话的经验。我这几年看童话看得比较多，我给这套书的判断是，这还不是真正意义上的童话书，童话书有童话书的逻辑。但它比刻板的教材有了很大进步，对孩子有很大吸引力，因为是用故事展开的，但还是有很大的提升空间。我们希望编写团队不要因为这套教材出版了，就停止进一步研究的脚步。作为一套这么大体量的教材，经过五到十年不断打磨，反复提升，让它成为真正影响孩子哲学思维的一套好书，我相信是可能的。

此外，我还有一些建议，比如其中的关于信仰的这本书，其实也是在讲生死，生死跟信仰实际是两个哲学问题。在国外儿童哲学里，生死是非常关键的哲学问题，但我们没有把它作为一个主题。我们的主题选择更多是一种正能量的、有价值的主题。我们对一些哲学问题还可以进一步研究。

　　总而言之，我们希望有更多的孩子因为这套书走进哲学的世界，成为爱智慧的人，拥有幸福完整的人生。

"下学而上达"：思辨性阅读，为孩子做有思想的减法
—

刘 莘

阅读是思想的砺石

在《娱乐至死》这本书中，作者波兹曼的洞见是先知般的："媒介更像是一种隐喻，用一种隐蔽但有力的暗示来定义现实世界"，"每种技术都有自己的议程，都是等待被揭示的一种隐喻"。

波兹曼看得很清楚，思想过程必然包含冲突、困顿、无序、生长，表现思想过程是语言和文字的特权，依靠裁剪而得以传播的视频是无能为力的。他清晰地预见到"电子技术的合力将迎来一个躲猫猫的世界，一个没有连续性、没有意义的世界，一个完全独立闭塞的世界"。今天，谁要想害一个孩子，就让他沉浸在由各种信息和智能推送引发的快感中。

我引用《娱乐至死》是想强调，思辨性阅读是促进理性精神的关键媒介。2022 年，教育部公布了《义务教育语文课

程标准》，提出语文课程要承担未成年人的理性精神发展的责任，对此我是非常赞成的。

为什么在这个人工智能高歌猛进的时代，更要强调思辨性阅读？因为人工智能本质上是由算法、算力和数据驱动的，即使是强大如 ChatGPT-4 的智能语言模型，也没有办法理解语义和掌握语法。更何况人工智能技术容易制造"信息茧房"来绑架当事人，特别是未成年人。

孔子说："不怨天，不尤人，下学而上达，知我者其天乎！"孔子遵道而行，下学人事而上达天命。在思想贫乏时代进行思考会令人痛苦，但这却是智慧、自由和孔子强调的"上达"而必须付出的代价，也是在这个相对平庸的时代获得"上达"生命维度的不二路径。

人工智能时代，机器越来越像人，但人不能越来越像机器，这就需要阅读的力量。思想是世界的刀锋，阅读是思想的砺石，也是人工智能时代捍卫人性的必由之路。

阅读经典，让心灵从内在苏醒

我特别主张未成年人阅读好书，我也建议教师进行课堂教学的改革，不要迷信教材，而要笃信经典。所谓"经典"，并非仅指传统文化中的"经史子集"，而是指经得起时间检验的好书，有助于未成年人成长的青少年文学作品。

经典名著《毛毛》，就是一本适合小学中高年级孩子阅读的书，主题是关于"内卷"的。说有一天，一大批"灰先生"来到了人间，他们不苟言笑，长得一个样子，穿着灰色西服，戴着灰色礼帽，他们的任务是通过与人攀谈而制造焦虑，他们的口号是"时间就是金钱""贪玩没有未来""勤奋是成功的敲门砖"等。"灰先生"的到来改变了人们的生活，特别是孩子们，有想象力和创造力的生活方式不见了，生活变得越来越平庸，越来越"卷"。问题出在哪里呢？小女孩"毛毛"知道，问题出在人们的时间观发生了奇怪的变化。为了拯救朋友们，毛毛不惜冒险来到时间的发源地，弄清了时间的本质，并与"灰先生"们进行了殊死搏斗。

《毛毛》这个故事是一个伟大的隐喻，如果按照传统阅读的方法，就只能围绕故事情节、段落大意、人物性格等话题展开讨论。可是，思辨性阅读的目的不仅是要让孩子享受故事情节，还要提升他们的理性精神。

我以为，《毛毛》这本书可以帮助未成年人在空前"内卷"的社会，思考"内卷"的本质和原因。《毛毛》的思辨性阅读要求未成年读者深入比"内卷"现象更深刻的问题，要从"时间""成长""游戏""幸福""自由""责任""想象""创造力""生活意义"等这些概念上去思考。

当然，并不是把这些概念当作现成的东西，让未成年人凭借这些静态的概念思考。恰恰相反，在以问题意识为导向的思辨性阅读中，要让这些概念像音符一样流动起来，在它们的冲突、变形和彼此纠缠中，训练未成年人的心智。我们必须意识到，这些概念中的任何一个的内涵都是极其丰富的，都与别的概念处于意义相互生成的网状关联中，而以任何一个概念为主题都可以写一篇博士论文或一本专著。

其次，我也特别主张读整本书，整本书有大时空框架，能承载完整的思想，帮助未成年人通过穿越而实现关于成长的各种想象。黑格尔在《精神现象学》中说："精神只当它在绝对的支离破碎中能保全其自身时才赢得它的真实性。精神是这样的力量……它敢于面对面地正视否定的东西并停留在那里……这种魔力就把否定的东西转化为存在。"在一个相对平庸的时代，一般人是很难遭遇伟大人物和伟大思想的。阅读经典的好处，就是你可以遭遇伟大，遭遇否定性的力量。只有当精神开始遭遇伟大的否定性力量的时候，健康成长才是可能的。

此外，我们还可以从"自然"层面推荐好书，帮助未成年人从日常生活中超脱出来，激发他们对大至宇宙、小至微观世界的探究兴趣。我特别主张以科幻小说为载体，去点亮青少年的好奇心。比如凡尔纳的《海底两万里》激发孩子们探索海洋的兴趣，《安德的游戏》激发孩子们思索外星世界的兴趣，而刘慈欣的科幻小说如《朝闻道》则激发孩子们对宇宙的根本追问……

我们可以从"社会"层面给未成年人提供经典好书，譬如《呼兰河传》。阅读这本书可感受到中国社会的巨大进步，也可读到一个世纪间一些根深蒂固的国民缺点，哪怕有不同的包装，而思维的底层活动内容却是类似的。想一想萧红当年如何受鲁迅赏识，想一想鲁迅如果穿越到今天会想说些什么，就可以理解《呼兰河传》作为一本社会批判著作，即使对于今天的未成年人也是极有现实意义的。

可以从"学校"的概念来匹配一些经典好书，比如《窗边的小豆豆》。孩子们思考"学校""教育""成长"这些概念的理性内涵，他们的理性精神才可能积极地生长。从"情绪""幸福"层面匹配好书，比如《绿山墙的安妮》就是一本极有想象力的书，帮助未成年人理解什么是想象力以及如何保护想象力，什么是情绪，什么是人格特征，什么是人生的幸福。从心智层面，如"自由""责任""正义"的概念上推荐好书，比如《杀死一只知更鸟》，它能够帮助青少年深度思考什么是公民责任，什么是社会正义……

总之，要帮助未成年人阅读经典好书，使他们的精神赢得向上提升的契机。当然，不能把读书绝对化，所谓"尽信书则不如无书"，把读书绝对化是书呆子干的事，我们希望未成年人通过阅读经典好书去面向生活、面向世界、面向自我发展，而不是封闭在书本或符号中。

理性在诚实的冲突中自然生长

思辨性阅读的目的，是帮助未成年人形成合理的价值观、学习思想的自由展开方式；帮助未成年人认清什么是美好的、什么是丑恶的，美好或丑恶不是感官的对象，而是理性的对象；帮助未成年人追问，怎样的成长是更可取的，什么样的生活是值得过的，哪种社会理想是值得期待、捍卫或奋斗的，这些问题必须通过当事人的内在生长才能够确立答案。它具有三位一体的目标——价值观的形成、思维能力的提升、积极心理或精神的建构，而这三个目标是你中有我、我中有你的。

思辨性阅读强调阅读的意义。很多时候，世界扩大了，原来的问题就消失了。生命中的原型问题仍然存在，但却会以更开阔的视野，以更丰满的人格为媒介而继续存在。只有当成长中的人意识到，对个人问题的理解或解决离不开对更大问题的思考时，健康成长才有更稳固的根基。人生经常会面临不如意、焦虑、悲伤甚至苦难。这些往往是伟大的文学作品的题材。即使在适合儿童阅读的作品中，这些题材也会反复出现，如安徒生和王尔德的童话。

阅读是人生的预演，通过阅读伟大的作品，未成年人的世界观才会变得立体，才不会被"人生的意义莫过于幸福"这样的"鸡汤"所蒙骗。当然，对这样的伪命题的揭示，正是思辨性阅读的任务。对于未成年人而言，最可怕的不是心灵的毒药，而是以快乐糖衣甚至幸福糖衣包裹的毒药。当然，这个比喻也许激烈了，只要未成年人的心灵不能在理性的环境中通过自我探索和自我否定而自然生长，不能使理性精神在诚实的冲突中发展和发扬，这样的环境就是有毒的。

作为教育工作者，应该做好两件事情：其一，以经典好书为媒介，为未成年人建构一个比现实处境更有利于促进思维和精神发展的环境。其二，通过这个更优环境激发的思维活动，将未成年人的思维和精神能量导向现实世界，并以超越现实的视野去审视或改变现实。认清这一点意味着，思辨性阅读根本不需要未成年人以形式逻辑的方式弄清每一个概念的定义。事实上，支撑心智的关键概念都是无法按形式逻辑的方式予以定义的。再强调一次，不违背形式逻辑最多只是思辨性阅读或理性思考的必要条件而非充分条件。

总之，尽管各种概念都可以随着未成年人心智成长而不断发展出它的内在丰富性，但却无须用所谓的"权威定义"或"权威解释"去强迫未成年人放弃自己独立的、试错的思维展开。例如，低学段未成年人可以在较浅的层次上通过阅读《窗边的小豆豆》去探讨何为教育、学校与成长，而高学段未成年人则可在较高的层次上通过阅读《绿山墙的安妮》去探讨何为教育、学校与成长。

无论层次的高低，只要这些关键概念进入未成年人的心田，与他们从混沌向有序过渡的成长纠缠在一起，这些不断展开的丰富内涵就会逐渐成为他们心智结构的关键支点。他们的心智或精神、他们的理性思维能力，也会随着对概念内涵的螺旋上升式的领悟而得到应有的发展。当思辨性阅读的文本情节与普遍概念有机结合之后，就可以引领未成年人凭借普遍概念和伟大文本的水乳交融所激发起来的思想，而转向现实生活。

"未经审视的生活是毫无价值的"，而对生活的审视必须依靠比生活更高、更深的东西。思辨性阅读鼓励未成年人以思辨性的眼光转向现实生活，去发现改变现实生活或改革生活结构的路径。结合文本情节、普遍概念和现实生活的思辨性阅读，不同于传统语文教学的阅读方式，因为思辨性阅读以思想自由和积极生活为旨归。从对《毛毛》的思辨性阅读中受益的孩子，完全有可能转向自己的"内卷"生活并予以具体分析，哪怕力量微弱，仍然可能一点一滴地改善自己的生活环境。因为被教育者在理性精神的照耀下，多少能够懂得，唯有自己才是自我实现的不完全的潜在主体。未成年人必须学习对自己的成长承担责任。

最后，思辨性阅读更看重精神的向上力量，这种力量是自我肯定和自我否定的结合，也是唯有转向更伟大的力量才可能有的心灵的内在苏醒。相比一般未成年人，受过以经典好书为媒介的思辨性阅读训练的未成年人，他们在思辨能力和向上精神等维度的发展会普遍更优秀——不妨将这个看法当作一个合理猜测。

顺应人类的积极天性，走向生命的"福流澎湃"
—

彭凯平

清华大学的校训"自强不息，厚德载物"，出自《易经》中的"天行健，君子以自强不息"，"地势坤，君子以厚德载物"，强调人应不断努力，追求卓越，同时具备高尚的品德，能够承载万物。有人认为人性本恶，但是人类最终能战胜动物，依靠的是人性而非动物本能。人性是积极的，这种积极不仅是内在的身心体验，还会通过外在的行动表现出来，使人能够在某种程度上做到超凡脱俗、与众不同，这是人类独特的竞争优势。

人类关于美好生活的四种体验

中国式现代化强调"美好生活"，什么是"人民对美好生活的向往"呢？这需要用科学方法来研究，其中之一就是"积极心理学"。我的老师克里斯托弗·彼得森教授曾经送我一本书，叫作《遇见你的幸福心灵》。他告诉我，"积极心理学"就是研究人类美好生活的科学。他在38个国家，包括中国，询问老百姓一个问题："你心目中的美好生活是什么？"得到了很多回答，其中中国人喜欢说"天伦之乐""四代同堂""儿孙绕膝""其乐融融"，这些是中国人对美好生活的基本认知。

但是，他也发现有四种人类美好生活的体验是普适的：

一是有爱的感受。人一定要活在爱中间，才会觉得生活美好。爱不是空的、虚的、说说而已的。积极心理学发现，人感受到爱的时候，大脑会分泌出一种神经化学递质——oxytocin，不过它被错误地翻译成"催产素"，它给人带来愉悦和幸福感。

二是有快乐。我们老说"傻乐"、没心没肺就快乐。其实人在快乐的时候，大脑会分泌出特别多的神经化学递质，包括多巴胺、催产素、血清素、内啡肽、维生素D等。

三是服务感。即成全别人、帮助别人，产生一种有用的感觉，产生自我效能感。当我们感到有用的时候，大脑分泌出一种神经化学递质叫作"血清素"。做公益、慈善，"赠人玫瑰，手留余香"，它能使人分泌血清素，是情绪调节的好方法。

四是意义感。苏东坡有一首诗叫《观潮》，其中第一句和最后一句是一样的："庐山烟雨浙江潮，未至千般恨不消。到得还来别无事，庐山烟雨浙江潮。"如果你能领会这两句话的不同意境，你就是有意义的人。这也是阳明心学的智慧："你未看此花时，此花与汝心同归于寂。你来看此花时，则此花颜色一时明白起来。"在心理学上，这叫"empathy"，翻译成

"同理心"。我知道万事万物和自己的意境相通，这是人类一种伟大的心智。有趣的是，心理学家发现，两岁半的孩子就有了这个心智，但我们却很少提倡同理心教育。

幸福的生活不遥远、不抽象、不宏大，就在眼前，就在身边，就在当下，而且可以通过很多小的事情做到，关键是你要去活出来，这样的感受对我们这一辈子的发展、成长都是很有意义的。

我们　定要提倡人性的教育、有意义的教育，也就是那些此时此刻我们读得懂、看得清楚、说得明白、感受得了的一种心理体验。

阻碍人类奔赴美好的进化惯性

挖掘内在积极的心理力量，可以帮助我们应对各种困境。但为什么我们不这么做呢？心理学家发现，人类大脑加工有一个明显的偏差，叫作"负面偏差"或者"消极偏差"。人类大脑能处理的信息极为有限，忽视坏事的后果比忽视好事更严重、更不可逆。

比如700万年前，在非洲草原上有个人类先祖正闲庭信步，突然前方风吹草动，他的本能反应是什么？是赶紧逃走。那么，如果前方真有危险，他便活下来了；如果前方是瓜果落地，他最多是吃不成、有遗憾。所以，进化选择的是那些以消极为主要加工信息的人，这个在心理学上叫作"负面信息的加工优势"。

积极心理学是一种理性的选择。大脑天然地偏向消极信息加工，我们要全面地、平衡地、完整地了解世界，得有意识地、刻苦地、带着磨难的精神让自己积极起来。正如莱布尼茨所说，乐观是一种天然的理性范畴的认知方式——即使有时候美好善良会伴随着一定的痛苦，但它们最终必然会战胜邪恶。消极的心理让我们活下来，积极的心理让我们活得更好。

哲学家波普尔说："乐观主义就是一种道德责任，是哲学家应该有的责任。"积极心理学还可能是解决现有心理问题的新思路。心理学家经过了100多年的努力，但是人类的抑郁症、焦虑症、恐惧症反而越来越多，问题出在哪里？除了复杂的社会原因，是不是我们自己也做得不够好？

"如果你试图不去想一只北极熊，你会发现每分钟你都忘不了它。"哈佛大学教授丹尼尔·韦格纳做过一个实验，他要求参与者尝试不要想象一只白色的熊，结果人们的思维出现强烈反弹，大家很快在脑海中浮现出一只白熊的形象。这就是著名的"白熊效应"。韦格纳证明逃避、压抑、控制疼痛、创伤和困扰都导致这些症状以更负面的方式回归。许多心理问题都一样，越想控制越控制不了。比如射击冠军越想手不抖，手抖得越厉害，怎么办？不去告诫自己"别抖"，而是注意自己的呼吸。与其控制、管理、忘却痛苦经历，不如挖掘内在积极的心理力量，来转移、替代、升华。这一点和"致良知""知行合一""吾心光明"的阳明心学的智慧是一样的。

当然，人类有负面情绪也是自然的，这是进化选择出来的人性，焦虑、恐惧、愤怒都是积极的，它有保护作用。比如焦虑能够让你集中注意力，愤怒让你充满力量，甚至消极、痛苦、抑郁、流泪都有意义。但是这种消极情绪不能持续太长，否则压力激素永远疏解不了，还会对免疫系统、消化系统、睡眠造成重大伤害。那么，如何调节消极情绪呢？

激发内在积极的心理力量

"八正法"来自中国传统佛学的"八正道"，但其过于抽象，因此我进行了简化和提炼。

一是深呼吸。当情绪激动时，一个重要的生理反应是杏仁核充血、温度上升。很多负面情绪，包括焦虑症、恐惧症、抑郁症，都和杏仁核的活跃有很大关系。通过物理方法使杏仁核降温，可以显著改善心情。比如当我们在山里推开窗户，让清新的山风吹来，深吸一口，心情就变得舒畅，这就是杏仁核降温。当学生感到着急、生气、紧张、恐惧的时候，我们可以尝试给予拥抱、安慰，并鼓励他们进行深呼吸。

二是闻香。这与杏仁核的活跃度有关。杏仁核在鼻子后面，人类的嗅觉敏锐且迅捷，它不需要经过内心的评价。提供一个清香的环境，会让人情绪好转。家里可以准备点香精、香油、香水、香气，古人叫作"君子配香"，对情绪调节有帮助。

三是抚摸身体。摸膻中穴，膻中穴位于两乳之间，即中医说的情绪淤积的地方。人经常说"闷得慌、憋得慌、堵得慌"，均是因为膻中穴不畅。触摸肚子有助于放松情绪，因为杏仁核属于人类最早的神经系统，叫作"边缘神经系统"，位于鼻子后面，而这个系统与触摸肚子有密切关系。

四是抬头挺胸。我的同事格瑞·谢尔曼发现人类最古老的一条神经通道叫作"迷走神经"，通过咽喉、颈部到心肺、内脏、躯体前端。在人类爬行的时候，这个迷走神经就存在了。人类直立之后，迷走神经打开，就让人类产生一种积极向上的感觉。这解释了为什么中国人喜欢"海上生明月，天涯共此时"，喜欢"面朝大海，春暖花开"，这也解释了我们为什么反对人们看手机，老低着头违背了人类进化的自然规律。

五是运动。任何事情，只要动起来都能够解决。运动能明显提高人的幸福感和内在活力，让人体验到一种发自内心的激情和生机。

六是专念。也即"冥想""太极""意守一处"。把意念集中在一个地方，无论是冥想、太极或是意守一处，都能有效地改善负面情绪。可能是因为这种方式能让人们暂时忘却纷繁复杂的想法和欲望，从而得到内心的平静。

七是倾诉。与他人分享自己的感受和经历，进行深度的交流，可以帮助人们缓解心理压力和负担。无论是与朋友、家人还是专业心理咨询师进行深度交流，都能让我们感到被理解和支持，从而减轻负面情绪的影响。

八是写作。写作是一种特别重要的心理调整方法，通过写下自己的感受和经历，我们可以从第三者的角度或者上帝视角来分析自己的情感体验，从而更好地理解和处理自己的情绪。

物我两忘，"福流澎湃"的积极人生

仅仅调节负面情绪并不能完全满足我们的内心，还需要学会如何产生积极的情绪体验。这几年我总结出来一套方法，叫作"五施法"。

第一是"颜施"。微笑是人与人之间的桥梁，是表达善意和友好的方式。当我们微笑时，我们的大脑会释放出使人快乐的神经化学递质，如多巴胺和内啡肽。微笑可以带来内心的平静和愉悦，让我们感到更加积极和乐观。有些人之所以不会笑，可能有两个原因：一是装出来的，装太久就不会笑了；二是逼出来的，压力太大，笑不出来。解决方法其实很简单，装笑装一会儿就笑了，比如可以做一个小小的练习，刷完牙后用牙齿咬着牙刷对着镜子傻笑5分钟，保证一会儿就特别开心。

第二是"身施"。要学会动，人天生的本领是会动。乌龟的进化选择是不动，人类的进化选择是行动，一定要动。清华大学体育部的创部主任、中国第一位体育教授马约翰，他其实是一个心理学学生，其硕士论文标题就是《体育的迁移价值》，他说"动是健康的泉源"。任何的行动，触摸、禅思、行善，让自己动起来，都会产生积极感受。人心情不好的时候，一定不能躺在那、歇在那、宅在那，要动起来。互动也是人类的天性。人和人之间的一些互相接触、碰撞、打闹，都对情绪调节有很大帮助，甚至对孩子来讲，就是爱的基础。

第三是"言施"。语言是情绪的反映，也是我们改变情绪的重要工具。多说话，也能提升情绪能量。"言施"就是积极沟通。心理学家约翰·戈特曼发现，夫妻关系破裂的一个重要的标志就是不好好说话。只要听一对夫妇沟通5分钟，他就可以判断他们未来的分合。积极沟通，不是一定要讲好话，而是要有一个科学比例，5句好话配1句批评建议，我把它叫作"打一打、揉五揉"。

第四是"心施"。内心的感受是我们情绪的核心。要有悟，有了感受，才有意义。"悟"，就是"吾心"。一个比较有效的办法是体验"福流"（flow）。美国心理学家契克森米哈伊于20世纪60年代观察美术家、国际象棋高手、攀岩者、作曲家、运动员等时，发现这些人在他们所从事的活动中全神贯注地工作，时常遗忘时间的运转轨迹以及周遭环境的知觉。这些人参与的活动完全出自其内在的乐趣，这些乐趣来自活动的过程，而不是外在的报酬。这种经由全神贯注所产生的心理体验，他称之为"福流"，并认为这是一种最佳的体验。

中国心理学家把它翻译成"心流"，我改译成了"福流"。一是两者发音比较接近；二是中国的东方朔时代流行有一卦叫"福流卦"，失传了，我决定赋予这个美好中文概念新的生命；三是中国人很早就体验过"福流"，比如"庖丁解牛"就是一种澎湃的关于"福流"的本土体验。

澎湃的"福流"是一种怎样的感受呢？做事情让你沉浸其中，注意力高度集中，达到了一种心无旁骛的境界，做起事来特别顺、特别流畅，如行云流水一气呵成，完成之后有一种酣畅淋漓的快感，这种体验就是一种极致的幸福巅峰状态。

第五是"眼施"。我们的眼睛是我们感知世界的重要工具。通过观察周围的环境和事物，我们可以发现生活中的美好和幸福。很多时候你的眼睛看到了，但心不在焉的话，其实你是看不见的。慧眼禅心，所谓"一花一世界，一叶一菩提"。

怎么培养慧眼禅心？去你熟悉的环境里，找一找以前没注意到的事情，能够找出来，就是慧眼禅心。

最后，以一首诗结尾："尽日寻春不见春，芒鞋踏遍陇头云。归来笑拈梅花嗅，春在枝头已十分。"刻意地寻找春天，就像寻找幸福、财富、地位，不一定找得着，踏破芒鞋、跋山涉水却一无所获，怎么办？不妨从身边开始、眼下开始、当前开始，用心欣赏梅花，有一天，你会突然发现枝头已经绽开了一点，于是你拈花微笑，春意十分。

寓教于"戏"：剧场中的全人教育

—

李旻原

剧场既是造梦空间，也是教育场域

我是一个被戏剧培养的人。在我看来，戏剧有很强的教育作用，从某种程度上而言，戏剧造就了现在的我。

在剧场、全人、当下、教育这些关键词中，首先要厘清什么是剧场。剧场的首要特征是安静。须关掉手机，静下心来，准备看戏。舞台上可能出现光，你开始期待演出。帷幕拉开，随着舞台上人生百态的上演，你进入了一个虚幻的空间……在短短一个半小时或三个小时内，你有机会体验别人的人生。

在另一种娱乐性更强的演出中，演员在歌舞、灯光、音乐中跳得热血沸腾，你会为他们的表演喝彩，会不知不觉开怀大笑。如果这部戏演得足够好，它不仅能娱乐你，还能教育你。这便是自古以来剧场最重要的两个作用：娱乐、教育。

以世界闻名的戏剧艺术节举例，布雷根茨艺术节的舞台设计极具创意，每年都有所不同，舞台旁边五光十色的灯光道具，与海天美景融为一体。艺术家的巧思、技术、工艺构建的梦幻造景，或许能在小朋友心中埋下一颗艺术的种子。如阿维尼翁戏剧节，全球的戏剧爱好者会在每年 7 月涌入这座法国小城。

艺术并非那么严肃，可以是娱乐，也可以是教育。正如阿维尼翁戏剧节的创始人说，他希望戏剧能像自来水一样，只要打开，就很容易获取。

我一直认为，没有所谓的专家，只有大师。大师能引领我们，而不是教育我们。引领与教育不太一样，教育有时是说教式的，而引领是启发式的。戏剧教育更应该走向启发式，而不是说教式。

我演戏时有一段特别的经历。那年我 19 岁，即将毕业，处在人生的十字路口。我跟着校外的剧团，参与一部戏的集体即兴创作，排练了一整年后前往英国演出。演出后又在英国剧团中待了一个月，我和一群年纪相仿的人相聚，一起创作和分享，互相学习，讨论这个时代的年轻人怎样以戏剧为方法，面对未来的世界。这个探究的过程，打开了我的眼界，让我认识到自我的局限性，也改变了我的世界观。

敬天爱人，在戏剧中认识自己

谈及剧场中的全人教育，全人就是指四个字：敬天、爱人。为什么要敬天？为什么要爱人？

我理解的敬天是要尊重上天，这个上天并非宗教意味的，而是对老祖宗的尊重，对空间、环境的尊重。懂得尊重，才会把剧场空间保持得干干净净，才会维持好剧场空间的氛围，让大家乐于来到剧场空间，更好地进入人物的状态，投入人物的生命，透过人物的状态让自己安静下来。最终，将舞台上的生命与自己的生命连接，形成自我反思。

爱人是主动关心在剧场空间的所有人。作为导演，必须想到观众，想到演员，而不是高高在上。要让演员更信任你，并通过对你的信任去引导他，他反而会给你回馈，因此你得到自反性，更进一步理解自己是怎样的人。

曾有哲学家说过："我和你的相遇，其实是遇见了我自己。"我的理解是，我们永远不能只通过阅读或者自我思考来认识自己，很多时候，必须通过他者，才能更完整地认识自己。观看角色人物时，就是在与他者相遇，通过这个角色人物，更多的是认识你自己。

做到敬天爱人时，你会更理解这世界上所有的存在都是合理的，你会以更开放的心胸去接受与你不同的人，关心与你不同的人，在乎每一个与你生命相遇的人，因而世界也会更加美好。

为教育而设计的剧场空间

教育戏剧，简单来说就是将戏剧作为方法，达到教育的目的。比如教数学，若用"教师入戏"的方法，就是教师把自己当成数学专家，带有扮演性地去教小朋友，会让小朋友觉得老师今天不一样了，学习的兴趣也就提高了。把戏剧作为方法，老师不一定要台词非常好，不一定要像演员那么美丽帅气，只要会运用扮演去教你所教的科目，这个方法就是教育戏剧（Drama in Education, DIE）。

教育剧场（Theatre in Education, TIE）意指对剧场空间里的灯光、舞美、音效等元素进行综合性使用整合，这需要老师有戏剧的专业性，能像真正的导演一样导演一部戏。在此基础上，还要加上立体的讨论，比如借助工作坊形式，让参与的人不只通过观看或阅读剧本来了解人物，而是以一种在场性，获得更亲身的体验，通过充分在场、参与讨论，与人物共情，主动思考人物的命运，而不是被动地认同，被动地为人物哭或笑。

教育剧场是英国戏剧教育系统的产物。20世纪80年代，英国人发明这种形式，在90年代推广至海外，为全世界所接受。但在实施过程中困难的是，当引导者或者教师不是专业的戏剧人，换句话说，参与者未达到教育剧场所希望达到的方向时，最终的效果会不大理想。因而我思考，做教育剧场不一定遵循英国戏剧教育系统，是否可以有这样一种教育性剧场，学校不必花大量经费去建一个大剧院，而只需一个为教育而设计的剧场空间。

因此我提出了为教育而打造的剧场（Theatre For Education, TFE）。戏剧本来就是一门综合艺术，可以根据剧场空间设计相关教育规范和戏剧教育课程。在设计课程与规范的同时，将STEAM教育理念——科学（Science）、技术（Technology）、工程（Engineering）、艺术（Art）、数学（Mathematics）等学科知识融合。另外，戏剧教育还能培养孩子们的合作精神。同时，在审美上，既能从现实中提炼精髓，又能达成象征意义，在二者间取得平衡，是戏剧创作的一种审美方式，也更符合中国人的美学观念。

在场：戏剧成为孩子生命的一道光

在教育性剧场中，我们也注重戏剧教育的在场性。所谓在场，就是在本来就是黑匣子的剧场中，会为打下来的一道光所制造出的氛围而感动。

我曾在上海话剧艺术中心设计"小小戏剧家"的夏令营活动，我会在最后一天的演出开场时用一道光，让每个小朋友走到这道光下面，勇敢地说出我是谁。我不会要求他们一定要讲什么，但至少要有勇气告诉大家自己叫什么。有些小朋友可能会很紧张，走到这道光下会有点压力。但我们会安排助教老师鼓励他，缓解他的紧张情绪。小朋友会因为进入这道光，勇敢地讲出自己是谁，进而肯定自我。我们相信，这道光可以带给我们力量。

与此同时，孩子们在剧场里演戏，或者做任何其他戏剧性游戏时，相比大人来说都更能够身心合一。没有身心合一，想象就无法通过肢体表达出来。成人读了剧本后可以理解人物，但小朋友有时候不理解，且所谓的理解是大人强加的知识，而不是自己生发的。因此在设计戏剧时，我会利用游戏的方式，让小朋友通过自己的身体感受，去理解人物情境。

总而言之，在剧场空间的场域中，必须符合戏剧的最重要原则：在场。没有观众，戏剧不叫戏剧；没有演员的演出，戏剧不叫戏剧。

无论是游戏或是演出，在场都很重要。若只是游戏，在现实的情境中，怎样教小朋友辨别真假？戏剧矛盾的本质在于，它是作假的艺术，如果不作假，就不构成戏剧。比如在《罗密欧与朱丽叶》中，如果朱丽叶真的在舞台上发生意外，那就变成了演出事故，而在戏剧表演中，朱丽叶与罗密欧虽然双双殉情，但他们最终出来谢幕，观众并不会受到惊吓，反而会觉得这场演出很好。

因此，教小朋友辨别真假其实涉及两个问题：真中认假，假中学真。在教育剧场中，并不一定要所有小朋友都演假的戏，也可以让他们发挥自己的本性，做"本色演出"，也就是非表演的表演。而"假中学真"需要在场的坚定体验，需要有一个空间可以安全地去经历、体验这段戏剧旅程。

除此之外，教育性剧场还能让孩子们学习如何学习。例如在戏剧表演中，孩子要扮演商人角色，他就要学习如何当一个商人。当然，并不是说让孩子真的成为一名商人，而是借助这个角色，理解商人的性格特点、思维方式等。在现实生活中，学过戏剧的人大多反应比较快，就是因为平常扮演过不同角色，在学习中体验过不同的人生。

戏剧，最有趣的地方就在于人生如戏，戏如人生。这几年，我逐渐明白了戏剧在我的生命中出现，就是让我领悟了这个道理：用戏剧去生活，在剧场去学习，以游戏去创造，从表演去成长。

彼得·布鲁克说过，"A play is play"，一部戏就是一场游戏。那么，如何演好人生的这场戏？我的建议是，要乐观开朗，用游戏的心态，认真度过这一生，因为这是你唯一一次最真实也是最重要的人生旅程。

为人生而审美

看见苍凉，依然深情，诗歌流淌的教育情境

陈　忠

　　江雨霏霏，六朝如梦。"无情最是台城柳，依旧烟笼十里堤。"今早，我们从韦庄诗中台城，短暂六朝的背影中过来，去年首次陪同景师"在之间"开幕，饭后踱步，惊异偶遇东坡居士"肉身归去"纪念馆。"他乡复行役"，"此心安处是吾乡"，东坡先生与常州有着情缘，他在舣舟亭题下"多谢残灯不嫌客，孤舟一夜许相依"。诗人高贵的诗情人格，是其生命凝练的诗行，将苦难与救赎都化为了一串串葡萄。

　　今年春寒，读景师著作《再见那闪耀的群星》，感叹世事动荡，纷争战乱，心生"可怜无定河边骨，犹是春闺梦里人"，恰如韦庄的乱离诗"前年相送灞陵春，今日天涯各避秦"。战乱都是庶民百姓遭殃，不合天道，"荣枯咫尺异，惆怅难再述"，"萧条异代不同时"。

　　我眼中人文主义大师景师著作，此卷是面对"百年疫情，

222

百年变局"饱满的诗与思，由观念与思辨的张力与牵引，情感内敛，精心锤炼。它未必是"经院"式的精专齐整，却抓住关键，提出问题，反映时代的心音，是面对"强大的力量，以意志对抗，经历着的生命力的阻滞，产生更强烈的生命力的喷射，显现价值与道德维度"。

千年沧桑，诗境常在。致敬华夏故国的二十位诗哲，这人性悠长的回响，体温与脉动，浸润溶解在我们的血液中，启发我于当下见恒久。

切近于当下的，近两年的经历，头顶"压力山大"，我想，当像飞鸿看见我的山，以及山影之上那确立了大地方位的北斗星，那恒久闪耀西边的长庚星。这星星熠熠，与我心灵交汇。边读，心里冒出的句子：傍晚于半山间漫步，远远望见密涅瓦的猫头鹰，在烟雨苍茫中飞起，低吟一曲天鹅之歌。

不由想起大教育家怀特海的诗句："人类需要邻人具有足够的相似之处以便互相理解，具有足够的相异之处以便激起注意，具有足够的伟大之处以便引发羡慕。"诗集"不重兴象，着重在思想"，内含太多的观念密度，优美感与崇高感，内在超越与外在超越，自由与狂狷诗人，积极自由与消极自由，自发秩序与拓展秩序。

《觉醒年代》中北京大学文科学长仲甫先生《敬告青年》"自主的而非奴隶的"。"没有形而上，没有诗性，权力就成了真理。"诗是自由的象征，"欲采蘋花不自由"，常是"盘中之丸跳不出大势之盘"，只剩下山水间的孤愤。诗人对于把分配给个人生命的时间与全人类时间联系起来的一切事物漠不关心，"宁为累臣，不为逋客"还是"宁为鸡口，不为牛后"？此番犹疑难解，平日幸有机缘与景师讨教，激起与引发，喜悦与觉解。感恩景师的大馈赠、大滋养。

表达些许片段体悟与收获：

再见杜甫。那雄浑阔大、思力沉雄、澎湃的创作原力，抒发风格"沉郁顿挫"。感念诗豪"无缘大慈，同体大悲"的高贵诗心人格，从个体困厄而感受到天下苍生的困境，对民间疾苦同情而敏锐地捕捉到时代巨变，而生"大庇天下寒士俱欢颜"的博大悲悯。由自我意识扩展到社会意识，见承担精神和悲悯情怀。先贤圣哲孔子精神，也让我想起这样的仁与恕。教育界行知先生，怀揣农人甘苦化的心，为农民"烧心香"，"因为他爱人类，所以他爱人类中最多数而最不幸之中华民族；因为他爱中华民族，所以他爱中华民族中最多数而最不幸之农人"，行动的诗人，诗人行动家，一生行走在路上……领悟这一脉而来的诗心诗情。

究天人之际，在超验与经验之间。"人的确是个场所，仅仅是个场所，精神之流从那里经过和穿越。"人而能立，不是因为物质堆积而成的躯干，而是精神充盈得以站立。《会饮篇》美的阶梯喻说：从形体到美的共相，逐阶而至行为、制度、心灵，优美而至壮美，直至美的汪洋大海。诗意生存进阶在太白诗仙的天人之际是"诗意地栖居"，诗与美的艺术化生存，是超验与经验之间的枢纽。诗人的个性与人格，投射于诗句，映照到我心灵，超越了意识限度，显现了观念与价值位序，诗以价值为魂。世事吊诡，人性幽微，看见苍凉，依然深情，以悲悯，以不弃，在历史进程中看准持守的恒久坐标。

唐诗是中国文化的青年时期，康德青年时著长文《论优美感与崇高感》，一生回环，1790年以《判断力批判》的美学审辨形成批判哲学体系。三批判，天地人三界面，追问宇宙秩序，思辨阐释天人间的俾德丽采："无我之境"与"有我之境"，头顶星空与内心道德律，以及无目的的合目的性，指向天人合一。宇宙和人生，天道与人道，终究一以贯之。面对时代的真问题，面对个人的安身立命，我们"在之间"教师人文空间，再见"人类闪耀的群星"先贤圣哲的灵魂，与之谐振，也显现教育人优美人格与精神长相。

东海西海，情理会通，诗心略同。古希腊残诗"那西沉的永远是同一颗太阳"，我感到这在表达玄远无限，矢量向前；李商隐"夕阳无限好，只是近黄昏"，说本自具足，圆成一体。书中中西文化对勘，我看见文化精神的人类性，它们都亲切地流淌出自身思想和风格，既知异，也求同；知异是理解文化的差异性，求同是维护人类精神的普遍性。西方终极关怀的超实在，是形上的神性，超验彼岸精神界的本体存在（山巅之城）以及救赎。东方的终极关怀，是自然主义的安放，天地悠悠，静默如醉，却有心性与物象间的节奏、感应。中国文化精神中自有尚未被世俗覆盖的超越之境，可否借诗还乡？

说到终极关怀，附录四则，一则动容到幽微深处。我家里的零星唐诗册子中，独大卷本《寒山诗注》《王维全集》齐全。约二十年前我有"追星"往事，只身驾车前往会稽新昌入口，试图寻找"唐诗之路"却"不得其门而入"，转而去天台寒山"碧岩"。《碧潭秋月映寒山》的寒山子，是凯鲁亚克《在路上》、"达摩流浪者"施耐德、"垮掉的一代"的鼻祖。终南山为《辋川别业》与《空谷幽兰》而去，在终南草堂"寻根问道说教育"，再之后，物学院、伊顿学园、《優教育》、"在之间"……龙树，毕竟空，世俗有，一脉下来，"应无所住而生其心"。"心境本同如，鸟飞无遗迹"，"如鸟飞空，终不住空。虽不住空，迹不可寻"。

通古今之变，在过去与未来之中。每个人都在参与创造总体的历史，影响总体的历史，在人类这条遗忘之河上，时间是无穷的奔流，是吞噬一切的无底洞，唯见星光熠熠。所以可否说，我们今日相聚也在"为诗一辩"，说那是最高虚构吗？还是"随时间而来的真理"的共相与本真恒久。在过去与未来之中，返本开新，创造转化，化而裁之谓之变，推而行之谓之通。

在之间，我们希望美好教育在发生：一是中国温柔敦厚的师教传统。师者每循循善诱其弟子有一种精神生活，把对应然的渴望转化为儒者当下的情境教育。如果说诗性美感可以培养，是否意味着人性可以熏陶改善？二是美好的情境教育。惠特曼诗行言："有一个孩子每天向前走去，他看见最初的东西，他就变成那东西，那东西就变成他的一部分。"我在揣摩：如果说穷尽牛顿力学是量子力学的开启，那么可否说，量子力学的终点是情境教育的起点？在浸润与熏陶中，物象内嵌，知觉内层，诗与思的审美，是一所学校最为高级的教育表达，也凝练成为一位教师的教育气质与风格，以"美的规定性"常驻校园。这也如杜威先生所说，用"有准备的环境"来塑造学校。孩童感受他生命成长中高级的文化基因，这一精神底色生成了内在性，诗者育美，美以储善，诗性生长，润泽化育。三是生命哲学的指向，教育的"内卷"焦虑。"鲁叟谈五经，白发死章句，问以经济策，茫如坠烟雾"，应试教育的规范与竞争窒息了思想与创造，熄灭了诗性。如何在二元疏离物质主义技术理性宰制中挣脱出来，而形成生命教育、生活教育，乃至诗性教育？它是一种性质，渗透在学校每一个情景经验中，甚至超过审美本身。这样的命运问题算不算哲学的大问题？

世事明晦，或是焦灼，或且发光，去此地二里，梦境中，昔日县学街、斜桥巷、后北岸、迎春桥，有了岁月的古朴、忧伤与清远。孩童在河里捡拾田螺河蚌，偶有一天得惊喜蚌珠一颗。也像今天，我们望头顶熠熠星辉，低头在地串起蚌珠之链，一件件一事事，书写行为的诗行。"如鸟飞空，终不住空。""泥上偶然留指爪，鸿飞那复计东西。"子在川上曰："逝者如斯夫！不舍昼夜。"山水间、天空中，没有留下过我的痕迹，但我欣喜，我的心灵曾经抵达。

走向作为教师的意义世界

—

陈文艳

时代正在发生剧变，在大时代中的每一个人都深受影响，包括作为教师的我们。但是，无论哪一个时代，人都要有意义地生活，"意义是人类生存的必要条件"。意义是什么？用马克斯·范梅南的话说："意义早已暗含于视觉、听觉、触摸、被触摸，以及与世界的接触的前反思性的反思中，早已暗含于对以上所有经验的现象性的反思之谜中。"简单而言，意义不是挖掘出来的，意义是我们自身与世界的联系，是我们生命内在的表达。离开了意义，就切断了人类生存的精神脐带；离开了意义，我们就只能生存在一个纯粹物化的世界。在一个纯粹物化的世界中，生命那敏感而温润的触角会慢慢走向钝化，而我们也会逐渐迷失于一个符号的世界，进而再也看不见自己，看不见他人，再也无法捕捉我们内心真实的感受。

由意义构建起来的世界并不在彼岸，相反，它就在这里，就在当下。它不是对象化的概念，也就是说不存在一个远离我们自身的意义世界。人们常说，世界就是我和我的环境，意义世界也是如此，因而，它不在别处，它就是我们；它也不是时间性的概念，意义世界不是过去的，也不是将来的，它是当下正在发生的。进一步说，意义世界存在于"此刻"，"此刻"在我看来更像一个空间概念，此刻我们在做什么，在思考什么，在感受什么，在生成什么，等等，恰恰是那些看不见的、静静流淌着的、不断地慢慢生长出来的东西，构成了我们的意义世界的空间样态。

所以，今天，当我们思考如何做教师，在我看来需要聚焦一个核心的命题，那就是如何从一个不断物化的世界走向富有意义的世界。

意义世界的核心：认识自我

为什么说认识自我是意义世界的核心呢？作为教师，今天我们有一个最直观的认识，世界变化超出了我们的想象和预期，我们都无法置身"世"外。另外，我相信，我们每个人都想过好这一生，但现实是并非每个人都能做到这一点。这一切都与认识自我有关。认识自我不是最终目的，认识自我其实就是构建一个能够安放自己的基础。意义世界是更好还是更糟，取决于我们的自我认识。

陈嘉映先生有一个演讲，就是谈自我认识。他说："在苏格拉底的意义上，'认识你自己'跟我们今天所说的'认识世界'差不多。认识人本身，差不多就等于说认识人在宇宙中的位置，或者是认识人在世界中的位置。"这是极其深刻的道理。对于今天的教师来说，我们认识自我，并非简简单单的对自己的认识。因而，认识自我需要找到三个坐标。

第一个坐标是在时代中的坐标。我们首先要把自己放到大时代、大环境中去，在社会波澜壮阔的整体变革中，每个人都不是可有可无的，我们应该有自己的目标和使命。具体地说，今天这个时代已经不同于过去，它具备了鲜明的新时代特征。因而，它需要我们更加深刻地把握时代的历史方位、认识社会发展主要矛盾的历史性变化，从而聚焦新的目标、开启新的征程。在恢宏的新时代背景中，我们都将被标注在时空巨大的坐标上，不同的是，我们是清醒者还是糊涂者，是积极响应者还是冷眼旁观者，将决定我们在时空坐标中的不同位置、不同意义。

第二个坐标是在学校中的坐标。学校是我们的栖息之所，作为教师，我们天然与之紧密相依。与时代背景不一样，学校是我们具体生活、工作的地方。找到自我在学校中的坐标就是明确自我与学校之间的关系。在学校发展的过程中，我们是办学品质的维护者，还是破坏者？我们是学校品牌的塑造者，还是损毁者？我们是学校发展的同心者，还是异乡人？不同的选择构成不同的关系，不同的关系构成不同的坐标体系，而唯有找到自我在学校中的那个清晰而明亮的坐标，我们才能够真正明白，学校是我们共同生活的地方而不是独自谋生的场所，学校不是我们周而复始从事机械劳作的地方，而是我们共同依存和创造的精神家园。

第三个坐标是在教育中的坐标。教育发展到当下，作为教师，在教育发展的历史进程中，我们应该有自己的位置，但是这个位置到底是什么呢？是领跑者，还是追随者？是创新者，还是守旧者？是卓越的贡献者，还是平庸的索取者？……答案不同，意味着我们在教育发展中的坐标也是不同的。我相信，一个教师在教育发展过程中选择什么样的坐标，便能够看到什么样的世界，而自我不过是世界的投影罢了。我们每一个"在场"的教师，都应该认真地回望，作为师者自己在教育现场中投下的会是怎样的"身影"呢？

这三个坐标其实就是我们的位置，是由我们与时代、学校以及教育之间的关系构成的，这种关系是多维的，呈现了不同的特质。过去我们强调认识自我，往往脱离了人在世界中的位置而单纯地强调对自我的认识，这是我们无法正确认识自我的根源。对于教师来说，只有找到自己应有的位置，才能真正认识自我。

意义世界的路径：从生存走向存在

认识自我使我们逐渐摆脱了物化、僵化的危险，从而打开了富有热情和生命力的意义世界的大门。与外部世界建立深厚的关系的过程不仅使我们认识了自我，也使我们逐渐从生存走向存在，生存是生命最低限度的要求，而存在则有了目标、价值和实践的更高诉求。从生存走向存在，这是我们抵达意义世界的基本路径。对于教师而言，这是极其重要的探寻。

有没有高于生存的东西？我想答案是肯定的。满足于生存往往满足的是生理的需要，而对于精神层面的需要来说，这是远远不够的。完美是无法实现的，但是我们并不放弃追求完美，学校如此，教师也是如此。但是我们需要做好准备的是，追求完美的道路一定是充满荆棘的，因为寻求高于生存的东西必定会刺痛生存本身，一切的更生与迭代都会伴随着割舍与阵痛。我想，这才是存在应有的感觉，而此间，人们难以自知的平庸与对舒适的眷恋会是最大的问题和障碍，"越过山丘"从来不是轻易可以做到的事情。

今天，我们很多人容易陷入"价值旋涡"，其中最主要的干扰往往来自"有用、无用"的争论。画家、散文家丰子恺先生讲过一个小故事：从前日本有一个名画家，画一幅立轴，定价大洋六十元，画中只是疏朗朗地描三粒豆。有一个商人看见了，惊叹道："一粒豆值大洋二十元?!"于是人们问："绘画到底有什么用？"丰子恺先生回答："纯正的绘画一定是无用的，有用的不是纯正的绘画。无用便是大用。"价值意义既以人的需要为本，也基于人的目的、理想以及广义的价值观念。事物对人呈现何种价值意义，与人具有何种价值目的和理想、接受何种价值原则往往难以分离。因而，当我们更多地陷于"自我需要"，倾向于接受以"自我需要"为取向的价值原则，必然会忽视更为深层次的目标、理想和信念，而那些看似无用的价值往往才是最重要的。作为教师，你能够极为自然地为自己所教的一个孩子的微笑而动心吗？为校园里走道上偶遇的一只小鸟而愉悦吗？为能与同事们在竭尽全力合作完成一个项目时同看夜晚的星空而动容吗？我以为，一位真正意义上的师者，一定是不可以少了这样情感上的"超导"感受。

康德认为，人实际上由两部分组成：一部分是活在现象世界，作为现象世界的人是肉体，与其他生物差不多，要服从自然法则，是不自由的；另一部分是活在本体世界，人是有灵魂的，作为本体世界的人是自由的。康德所说的揭示了人在实践层面的两种属性：一种是自由的，一种是不自由的。虽然我们需要服从自然法则，但是这并不意味着我们崇尚那种粗鄙的竞争，也不意味着我们永远因循守旧；虽然我们与局限同在（特别是对儿童的理解），但是这并不意味着我们畏惧变革，也不意味着我们永远只能在此岸徘徊。人的灵魂使他可以做出超越自然法则的选择，而选择使人获得了自由，从而可以创造出逾越现实的另一个世界。选择是自觉，选择更是行动！

由我们构造的意义世界，始于寻求高于生存的东西，在超越有用的观念的引领下，通过展示我们内在自由的实践，最终实现了从现实的、有形的世界中挣脱出来，"使看不见的东西被看见"，让我们每个人的生命能够引入意义的表达。

意义世界的构建：成己成物

作为教师的意义世界的构建概括起来，可以用"成己成物"来说明。"成己成物"语出《礼记·中庸》"成己，仁也；成物，知也"。指的是自身要有成就，也要使自身以外的一切有所成就。离开了其中的任何一个方面，意义世界的构建都是无法实现的。

在我们与外部世界的关系中，隐藏着一个最根本的关系，那就是我们与儿童的关系。我们对时代的观察，我们对学校的认识，我们对教育的理解，归根结底是我们对儿童的理解，对儿童的理解构成我们观念的整个世界。对儿童的理解需要转化为我们促进儿童成长的行动。从本质上说，促进儿童成长就是促进教师成长。在今天，教师的成长早已与儿童的成长融为一体，离开了儿童的成长谈教师的成长是没有道理的，离开了教师的成长谈儿童的成长也是不现实的。儿童是我们整个意义世界的起源，儿童的身上有更多的可能性、丰富性以及复杂性。作为教师，要不断探索与发现儿童成长的秘密，但是也要防止在不知不觉中成为意义的阻断者、终结者。

作为教师，我们都承担着具体学科的教学研究工作，这是我们所构建的意义世界的土壤，也是我和我的环境的有机组成部分，构建教师的意义世界离不开现实的世界。促进学科的发展离不开我们的理性精神，用罗素在《西方哲学史》里的话说，"运用自己的理性并培养自己的理性的人，似乎是心灵既处于最美好的状态"。所谓理性精神是对任何客观事物的热爱与专心，在我们的学科教学研究中，我们需要关注如何呈现学科教学应有的过程与样态，如何更好地实现学科培育人、发展人和成就人的价值追求。在此过程中，我们将我们的教育信念、教学理念和学科理解等充分融入教学实践，让学科发展在核心价值、典型特质以及基本范式等方面都得到丰富与凝练。如此，我们便可以说：我们发展了学科，学科成就了我们。

如果说促进自我的完善和促进儿童的成长都是"成己"，那么促进学科建设与促进学校发展便是"成物"。在教师的意义世界中，"成己成物"本质上是一件事情，也就是我在前面讲到的"认识自我"，它是我们意义世界的核心。"认识自我"使我们从生存走向存在，而存在需要找到自己的位置，找到的过程就是"成己成物"的过程。

以自然尺度丈量生命：去做云朵和泥巴的孩子

张延银

人类以大地为居所，在人类的日常生活与万物的浩瀚之间，应当对此怀有谦卑的感激之情，而不要成为一个妄为的物种。如今无论我们身在城市还是乡村，都是一种偏居，大地被弃之一边。我们知道，大地上发生的事情比我们的生命更为辽阔，但我们仍然在不断错失，且不知遗憾。我们踏上大地，便是走近生命。苍南县第一实验小学张延银校长在伊顿纪德未来学习中心、《優教育》杂志社联合主办的"生命教育公益云伴读"中与孩子们通过《大地上的事情》，看见万物、重拾悲悯，以自然尺度丈量生命。

孩子们的精神栖息地

学校大门门庭两侧的两株三角梅竞相开放，红红火火；传达室屋顶的爬山虎嫩叶满藤，绿意盎然：这是我们学校五月特有的浓郁生机。朝气蓬勃的孩子们回归校园，我说是"鲜花盛开的孤岛迎来它的主人"，便和眼前的景色一样，焕发着生命的气息。学校的一切不能辜负孩子们在此的每一时刻，就像我们在校门口种下的三角梅、爬山虎一样，它们不会辜负我们，只要播下种子，就会呈现出四季应有的生命气息。

勃勃的生机，让我们学校也收获了另外一个名字——绿苑。"绿"就是生命，我希望孩子们在这个被称为学校的地方，可以仰望、跳跃、歌唱，甚至写诗。学校"不仅是物质的存在，更重要的是精神的存在"，后来我们在校园内又营建了一个充满魅力的地方——"B612星球"。空间创建的灵感来自法国作家安托万·德·圣埃克苏佩里于1942年写成的著名儿童文学短篇小说《小王子》一书。B612星球是一个充满创意的校园景观点，也是一个适合孩子们漫游的空间，更是一个传递信念和价值的平台。

正如《小王子》所说："只有用心灵才能看得清事物本质，真正重要的东西是肉眼无法看见的。"熟悉的身边景色，不留心便看不见，其实每一个光影、每一个瞬间，你都可以捕捉下来，因为这个地方的自然气息和生命气息，或者说心灵气息、灵魂气息，都在那里等着你。也正因如此，校园里一朵鲜花的盛开、一棵小草的醒来，很多时候是可以安慰情绪，甚至是治愈人心的。

这种气息在学校环境中的每个空间、每个时刻流动，影响着校园里的每个人。我想教育就是要一层一层剥开，让孩子们去感受何为生命的真谛，何为灵魂的本来。我们可以把学校办得更低一点，使学校能够亲近每个孩子，重视四季和人的关系，也就是自然和孩子们的关系。

或许有人会说，现在真是没有时间去亲密接触大自然，但是我觉得一个真正的学习者，一定能找到自己跟自然交往的秘密通道。亲近大自然，并不是说非要带着孩子到田野上、森林里去，因为自然就在你身边。孩子们从不缺乏活力、热情，却难得安静，但只有安静的时候，才能关注到周围的一草一木。所以学校引导孩子们用心去感受、去发现，然后获得惊喜，学会花时间去和周围的事物相处。如此，即使只是推开一扇窗，也会有意外的收获。学校也要引导孩子在任何时刻都尽量地与自然建立关系，在静谧当中听到自然歌唱的声音，让他们"以自然的尺度丈量生命"，去做云朵和泥巴的孩子。

大地上的事情

人与自然的关系是一种古老的关系，这种关系里有新奇、有悲伤、有恐惧。一说到大地上的事情，我们本该想到自然中的草木、鸟鸣、野兽的行迹，但现在谈论得更多的是城市的变化。世界的面貌在日新月异，我们却没有了惊喜，大地被弃之一边，而苇岸让我们开始重新留意大地。《大地上的事情》中的每篇文章虽篇幅简短，但富有想象力，充满意境而又不失实。

很多人说苇岸是一个在大地上寻找的人，寻找花朵或者寻找秘密。他很敏感地捕捉到存在或者进入他生命中的一切和他内心的碰撞，最后通过文字流露出来。所以也有人说苇岸是每时每刻都处在自然的核心，他是跟太阳一起工作的人，是跟风、跟雨、跟雪一起玩耍的人，在用神秘语言与自然交谈。

苇岸对蚂蚁筑巢有过细致入微的描写："我观察过蚂蚁营巢的三种方式。小型蚁筑巢，将湿润的土粒吐在巢口，垒成酒盅状、灶台状、坟冢状、城堡状或松疏的蜂房状，高耸在地面；中型蚁的巢口，土粒散得均匀美观，围成喇叭口或泉心的形状，仿佛大地开放的一只黑色花朵；大型蚁筑巢像北方人的举止，随便、粗略、不拘细节，它们将颗粒远远地衔到什么地方，任意一丢，就像大步奔走撒种的农夫。"

他笔下的三月也有很多情结："三月是万物的起源，植物从三月出发就像人从自己出发，温暖与光明从太阳出发。三月是一条河，两岸是冬天和春天。三月的人信心百倍，同远行者启程前一样。在三月，你感到某种东西在临近，无须乞求和努力便向你走来的东西……三月需要做的事情很多。"

他描绘的雪，会给你带来特别的情绪与思考："雪也许是更大的一棵树上的果实，被一场世界之外的大风刮落。"他眼里的麻雀就如同孩子一般，"麻雀蹲在枝上啼鸣，如孩子骑在父亲的肩上高声喊叫，这声音蕴含着依赖、信任、幸福和安全感"。五月里，"麻雀在树上就和孩子们在地上一样，它们的蹦跳就是孩子们的奔跑"。他对山羊饱含同情，是对弱者的关注、同情。人只有对弱者有共情心，才能与世界有更好的联系。

苇岸很容易把大地上的万物跟孩子、人性紧密地联系在一起，就如王家新先生说的："他把麦地、树林、冬日的小灰雀，连同他自己质朴的生命，一起带入太阳的光流之中。因此，苇岸不仅安息在丰盛的麦地之中，也将永远活在那金子一样闪耀的语言之中。"

诗人林莽也说："苇岸以文字的简约与质朴，关注人类文明的永恒情怀与人的内在精神的延伸力，为我们提供一种可能，一种通过他这样优秀和美好的文字，拯救不断被破坏的人类文明的可能。"或许我们就是缺少这种对于自然的敏感度，导致我们很少有同苇岸一样的想象力和文字驾驭能力。

苇岸何以成为苇岸

1986 年的冬天，海子将《瓦尔登湖》推荐给了苇岸。苇岸读这本书，做了几万字的笔记。他感觉自己跟梭罗的文字有一种血缘性的亲和与呼应，在过去的全部阅读当中，还从未发现在文字方式上令他格外激动和完全认同的作家，而梭罗就是。出于喜爱，他几乎收集了当时《瓦尔登湖》在国内出版的所有版本。

梭罗的出现，对苇岸来说是命中注定的，苇岸的精神气质、生命气质是和《瓦尔登湖》中的文字和精神相匹配的。他崇尚梭罗那种践行和崇尚人的完整性，不漠视自己真正认同的事物，甚至会牺牲一些东西来完成他所倡导的东西。苇岸在受到梭罗的启发之后，越发关注人和万物之间的联系。他描绘自己所感受的万物，这是一种动情、深挚、令人心颤的信念，这也改变了他的文学生涯——从诗歌转向了散文创作。

苇岸生前使用的书房，简朴而又干净，屋内挂了两幅肖像——一幅是托尔斯泰的，一幅是梭罗的。这两位文学大家的著作帮他建立了信仰，苇岸说自己是生活在托尔斯泰和梭罗的阴影中的人。但从苇岸的作品中可以看出，启发他创作的远不止这两位文学大家。他喜爱阅读与自然有关的作品，在《土地道德》一文中表达了对奥尔多·利奥波德《沙乡的沉思》的理解。不得不说，当下的中国确实缺少像利奥波德他们这样的反思者，因为城镇化的过程中，我们的自然环境遭到破坏，如果没有一位真正的反思者和践行者，或许我们都没有意识到美好正在被剥夺。

他说日本作家德富芦花的《自然与人生》："用文字为自然画像，会使我们顿悟：我们功利之外的世界多么亲切美好。"他还提到了俄罗斯的大作家普里什文——他"有一双善于捕捉大自然情趣的慧眼，被称为最有宇宙感的诗人，能够听懂鸟兽之语"。《林中水滴》是普里什文的代表作，鲜明生动地展示了森林王国的美丽和丰富，大自然在他的笔下是那么地生机勃勃、妙趣横生。普里什文说过："如果热爱自然，即使面对一片风中落叶，也能写出一首长诗。"

但是苇岸在书中提及的多是西方文学，因为他觉得和中国文学缺少感应。其实中国古典文学中也不乏这类作品。我看过中国台湾作家潘富俊的《草木缘情》，他就把中国古典文学里面的植物世界做了一个深度的梳理；贾祖璋先生的《花与文学》《鸟与文学》都结合诗词歌赋、章回小说来写动植物；傅国涌先生的《寻找语文之美》将古今中外的四季、草木、山水呈现在眼前，让人感受语文之美，体味自然与人生；……中国文学中丰富的生物世界，也是我们要不断去靠近和理解的。

不同国家的不同作家，都会在同一个主题里面用本国的文字传递给人们这个世界善的、美的信息，让人们开始思考自己到底需要什么，睁开眼睛最需要看见的是什么。苇岸在他的日记里写道："现代的社会是启动的火车，现在应该是启动了动车了，节奏与速度越来越快，它不能与自然节律同步运行，这种与自然节律相脱节是现代人紧张、焦虑、不安的根源。"所以我们也应停下来追问自己：多久没有和泥土接近过了？多久没有进入森林，蹲下身子看一朵花，抬起头看一朵云了？

比人的生命更为辽阔

知名绘本画家蔡皋亲手打造了一个屋顶花园，每天在花园里画那些举目可见的花花草草，这是她对生活的理解，对生活极致的热爱。

去更好地理解和尊重大自然，孩子们除了看书，还可以看看纪录片，比如《七个世界，一个星球》为人们呈现了匪夷所思的动物行为，讲述着鲜为人知的动物故事，让我们感受到了人类的渺小。学校教育就应该"留有余地"，哪怕是一处小小的角落，让那里成为孩子们的狂欢地和秘密点。在那里，你可以看到那个真实的孩子，正如梭罗所说："因为野地里蕴含着对这个世界的救赎。"每个学校都应该给孩子一块野地，它是会帮助我们完成教育的。

我所在的学校有一个小农场，叫"一亩田"，其实就是三分地，孩子们可以在那里种植果蔬，体验农耕，在那里去真实地种地、垦荒、拔草、松土、下种、施肥……这里也是孩子们的心田。放寒假时，我特意在这里的一块地里种了小麦，可惜因为疫情，孩子们看不到小麦成熟。但是，我经常来这里观察，记录下麦田的变化，通过各个班级微信群分享麦田的图片和视频，因为我想让孩子们知道为什么苇岸会说"麦子是土地上最优美、最典雅、最令人动情的庄稼"。

我有时也在反思，总谈论这些花花草草，是不是太过矫情，是不是把教育看得太过简单或者太过表面。直到遇见苇岸的这本《大地上的事情》，我才稍微安心。因为在当下，所有人都需要去做博物生活者，需要做一些看似无用却美好的事情，让自然而美好的事情发生在我们的身边。

我又想到 1998 年，苇岸在家附近选择了一块田地，在每一节气的同一时间、地点，进行观察、记录，形成笔记，创作"二十四节气"系列散文。其实，我们走在校园中，用心观察，也能发现很多美好的事物——鸟叫、花开、风起、云散。学校也可以开展这样的课程，让大地上的事情流传——况物、抒怀、思考，观察自然，将四季变化与写作联系在一起，让草木进入我们的眼睛、心里，让自然成为我们写作的秘密花园；最后通过文字把我们和大自然的关系表达出来，完成"与大地的和解"。

面对大自然，人类的心灵是相通的，没有界限，所以东有白居易的"四时各有趣，万木非其侪"，西有济慈的《人生的四季》。大地上发生的事情比人的生命更为辽阔，教育人应该带领孩子们亲近大地，不断探寻生命如何存在、共存、发展。

我希望孩子们把头抬起来，去看看云朵、天空；更希望他们用心灵感受眼睛看不到的东西，尊重、敬畏、拥抱天性；也希望每个人都从关心自然的四季到心灵的四季，懂得"所有结着籽粒的植物，都把充实的头垂向大地，它们的表情静穆、安详，和人类做成大事情时一样"。

窗户前的守望者
—

夏　昆

二十多年前，准确地说是 1998 年，当我第一次把吉他带到教室的时候，我没有想到它对学生和我产生的影响会如此之深远。当时作为班主任的我，想配合英语老师提高学生英语水平，于是我想到一个办法：教他们唱英文歌——这是我自己高中时候的经验。我用了将近一个学期，教学生们唱会了十多首英文歌，孩子们的英语水平得到了很大的提升。

当我们的英文歌活动将要结束的时候，一些学生依依不舍地说："夏老师，音乐真美、真好，能不能给我们展现更多的东西？"我想：为什么不呢？

从"诗词鉴赏"到"百家讲坛"

那个时候，我为每一届高一的学生开设了一堂音乐鉴赏课，这对个人的成长是极为重要的。经过二十多年的课程建设，我的音乐鉴赏课曲目从最开始的摇滚乐到后来古典的《梁祝》《春江花月夜》，从简单到复杂、从低到高地进行安排。我的近千名学生都聆听到了巴赫、贝多芬、莫扎特这些伟大的作曲家的作品，这是我和学生们最大的幸福。

不过我是一个很贪心的人，在做了音乐鉴赏课之后，我又想：能不能做得更好一些？于是我开设了第二门课。

很多老师都会在课堂上为学生安排"五分钟演讲"之类的活动，最开始我也做过类似的小活动：利用课堂前五分钟，请学生上台讲解一首诗词。过了一段时间，有学生问："夏老师，歌词也是诗，能不能鉴赏歌词？""如果歌词没有曲，音乐就不完整了，能不能鉴赏歌曲？""这首歌是电影里的，能不能鉴赏这部电影？""这首歌跟这本书有关，能不能鉴赏这本书？"……

对于以上所有问题，我都给出了同样的回答：为什么不呢？于是就有了学生上台做"李清照专题讲座""仓央嘉措专题讲座""NBA 专题鉴赏""俳句鉴赏""客家话讲座""汉服讲座""紫禁城建筑讲座"……渐渐地，单一的学生"诗词鉴赏"变成了丰富多彩的"百家讲坛"。这时候我发觉，当我们把选择权交给孩子的时候，他们创造出来的精彩会令我们惊喜不断，难以忘怀。

音乐鉴赏——"梦幻的一课"

我有一个学生，名叫逸东，是一个阳光帅气的大男孩，但也是成绩最差的学生之一——有时候甚至没有"之一"。但是，他的每一次讲座、每一次分享，都非常用心。我记忆最深的，是 2008 年的一次晚自习。

那是在逸东高一的时候，那天晚上是我的晚自习。几天前，逸东主动找到我，说他想占用一点晚自习的时间给大家做音乐鉴赏，问我是否同意。我当然同意，问他要鉴赏什么，他说鉴赏《死神》里面的一首歌曲。

"什么《死神》？"我不明白。

"《死神》是一部日本动漫，在学生中很流行的，大家都知道。"逸东向我解释。

果然，当逸东要在晚自习鉴赏《死神》插曲的消息传开后，整个班都轰动了。

晚自习上课铃响了，逸东走上讲台，关上了所有的灯，教室里只剩下电脑屏幕发着光。他打开 PPT，开始为大家介绍《死神》的相关情节。十多分钟之后，逸东开始进入今天的主题——鉴赏《死神》里的一首歌，为此他不仅做了 PPT，还专门刻了张光盘，甚至自费打印了歌词。

音乐渐起，我很惊讶，这首歌我曾经听过，却一直不知道是一部动漫的插曲。

Life Is Like A Boat

Nobody knows who I really am

I never felt this empty before

And if I ever need someone to come along

Who's gonna comfort me and keep me strong

We are all rowing the boat of fate

The waves keep on coming and we can't escape

But if we ever get lost on our way

The waves would guide you through another day

……

Nobody knows who I really am

Maybe they just don't give a damn

But if I ever need someone to come along

I know you will follow me and keep me strong

……

主唱 Rie fu（舩越里惠）的歌声沉静而执着，如同寂寞的倾诉，又如同孤独的告白。当音乐逐渐进入高潮，讲台上的逸东突然对坐在电扇开关旁的小宇说了一声："开！"

小宇马上起身，扭开了所有的电扇开关。我们大感诧异：现在还是仲春料峭时节，还远没到吹风扇的时候。

扇叶开始缓缓转动，让人惊喜的一幕出现了：随着叶片的转动，片片樱花瓣从空中洒落，整个教室沐浴在一片花瓣雨中。

几年后，已经上大学的逸东是这样回忆那次鉴赏的：

我已不记得我当初是怎样用了两节晚自习去鉴赏这支曲子的，我也不记得那时的我是怎样在品悟这首歌，但是我却依然记得那天发生在教室里，被同学们堪称

"梦幻"的一堂课。

我记得那是2008年的4月1日，我之前为了这首歌的鉴赏准备了很长一段时间……那时正是学校樱花盛开的时候，当天我便发动了班上关系很好的同学去樱花树下帮我捡花瓣，没告诉他们理由，只是跟他们说我有用而已。也许他们也只是把它当作我这个日漫迷的一个樱花情结而没去多想吧。当全班同学去吃晚饭时，我一个人留在教室，悄悄地将花瓣均匀地放在吊扇的每片扇叶上。

即使我不记得那个夜晚我在那个讲台上讲了什么，但我不会忘记那天当我关了灯，放这首歌的时候，在结尾最动情的那一节，将风扇调到了一挡，片片樱花落下，随着歌曲的唯美演绎到高潮。我听到班上同学的尖叫，看到有的女生在抹泪，而我相比于成就感，更多的反而是对于这种美的敬畏。我也被感动到眼睛湿润了。歌手Rie fu清澈的声音配上钢琴、小提琴还有架子鼓那些乐器，看似随意的吟唱，句句歌词却那么扣人心弦，和着那飘落的花瓣，仿佛是这天地间的一切都融为一体般自然和美丽。

樱花易零落，落蕊倍觉珍。君看此世上，何物得长生？春去也，鱼目衔泪鸟声悲，奈良的白樱花早已开得千重万瓣，而随着那樱花飘落的又是何人的泪？

那次鉴赏的确被同学们称为"梦幻的一课"。记得结束之后我曾笑着对大家说：你们毕业之后，也许会忘记我讲的课，但是绝对不会忘记逸东的这次鉴赏。

窗户边的守望者

音乐鉴赏课主要是在高一阶段，高二的时候，我们开设的则是电影鉴赏课。我最高兴的事情就是，当我的学生走进大学之后谈起高中语文，他们的大多数大学同学说的都是各种学习、各种考试，各种暗无天日，而我的学生们则是各种诗词、各种音乐、各种电影，各种丰富多彩。一切的努力都是有回报的。我还和我的学生一起出版了一本书——《教室里的电影院》，这是目前中国第一本系统讲述中学阶段开设电影鉴赏课的书，也是我送给这一届孩子的毕业礼物。

大学的时候看塞林格的《麦田里的守望者》，我印象最深的是最后那段话：

> 不管怎样，我老是在想象，有那么一群小孩子在一大块麦田里做游戏。几千几万个小孩子，附近没有一个人——没有一个大人，我是说——除了我。我呢，就在那混账的悬崖边。我的职务是在那儿守望，要是有哪个孩子往悬崖边奔来，我就把他捉住——我是说孩子们都在狂奔，也不知道自己是在往哪儿跑。我得从什么地方出来，把他们捉住。我整天就干这样的事。我只想当个麦田里的守望者。

可是当我当了老师之后才发现，我们的教育不是什么麦田，而是一间黑屋子，里面关着学生，也关着老师和家长，大家在这黑屋子里苟延残喘，痛苦挣扎。

其实，这间屋子本来是有窗子的，只是不知道被谁挡住了。这时候我就想，我应该成为那个窗户边的守望者，把那些想来挡住这扇窗户的人一脚踢开。我还要告诉黑屋子里面的每一个人，窗外有很多很美好的景色，绝对不像屋子里这么黑暗。我要告诉他们，该狂奔的时候就尽情地狂奔吧，别管往哪个方向跑，没有人能把你们捉住。我整天就做这样的事，我只想当个窗户边的守望者。

从 2014 年开始，我和我的朋友们将目光从校园内扩展到了校园外。2014 年 11 月开始，我们与深圳市弘爱人文阅读推广中心合作，在成都先锋学校、成都市草堂小学、成都杜甫草堂博物馆的支持下，举办了系列公益讲座——夏昆人文艺术讲坛，免费向社会公众介绍唐诗、宋词、音乐及电影。所以，当我们相信生命应该是由教育培育的，而教育应该是为培育生命而存在的，那么，我相信我们会继续做下去，会越做越好。

一位语文教师的精神成长

曹勇军

语文是教师与学生的故事

有人问我，语文是什么？

我想了想，说："就是教师与学生的故事。"

我说的是实话。我当然知道，在这个世界上有关语文的言说很多，它们有的散发着诗意的光芒，有的内蕴着深厚的学理，但我还是坚守着自己朴素的感受：如果剥掉加在语文上面的层层华美的装饰，不断追问下去，进行现象学还原，我们会发现其中最原始、最活跃的课程密码，无非就是教师、学生和有关他们的故事。一如沂水春风，弟子各言其志，夫子喟然而叹，吾与点也；或者如古希腊哲人，运用"催产术"，从影子纷乱的"洞穴"中爬出，用智慧的火把照亮探索真理的道路。

语文是教师与学生的故事，这句话串起了我的语文人生。

从简陋泥泞的乡村中学，到古色古香的县城中学，再到豪华气派的省城重点中学，我的职业迁徙史是我的生命与众多学生生命交织的过程；从初一到高三，我的精神在一届又一届年轻的他者心灵的映衬下，不断成长、丰富、成熟；从昔日默默无闻的普通教师到参加语文教材编写，在各地开设讲座、公开课，我的思想随着时代思潮风生水起，理想与追求愈加坚定和执着。我知道我从哪里来，要到哪里去。

年轻时我有许多梦想，想当无线电工程师，想当诗人，最终无奈而又必然地把生命投入中学语文课堂，通过日复一日的教学行为来表达、释放自己的追求和信念。语文，给了我一个体面的饭碗，给了我独特的职业生涯和人生道路，也给了我许许多多难忘的故事。

与学生相遇并不总在秋季，也不都在教室，但只要是故事，总有开端。第一节课是一个仪式，是我们生命开始彼此交融的庄重的仪式。我指着黑板，告诉我的学生：这不是一块普通的黑板，上面有天地玄黄，有道德文章，有高风亮节，有世间万象；有"朝闻道，夕死可矣"的孔子，有"道可道，非常道"的老子，有穿缁衣的鲁迅，有穿西装的爱因斯坦……这些古今中外的贤哲注视着我们，与我们的心灵交流。在语文的邀约下，师生开始走进故事的世界。

我是一个诗人，又是一个农夫。岁月给了我人生使命的神谕，我把自己的教育理想深埋在现实贫瘠的土壤中，用汗水和心血浇灌我田地里的禾苗和花朵，用智慧和信念擦亮每一个生命的细节，让黯淡平凡的生活闪耀神性的光芒。我的讲义里有各种精彩的文章和教学菜单，我的进度表中排满了已经完成和即将完成的规划与设想，我的备课本里夹着各种各样的"红名单""黑名单"，而我的心里则装着对班级每一位学生的要求和建议、期待和祝福……我想方设法用思想的扳手松一松课堂技术的螺丝，用丰富的个性和教育的智慧让学生从单向度的生存困境中解脱出来。在作文素材课上，我让学生介绍马寅初的风骨，探讨蔡元培的理想，我告诉他们，一个知识分子不仅要有"知识"，更应该是"分子"；在现代文阅读检测之后，从现代文阅读训练题中选择震撼人心的佳作诵读品味。筱敏《山峦》的词句磨砺着年轻的心，李汉荣《越来越接近精神的天空》的境界让学生思绪飞扬……还有种种个性化的举动，至今为学生津津乐道：我曾因为晚自修取消语文读课文的时间和分管主任拍桌子发脾气，也曾因为教室的投影仪迟迟没有修好而率领弟子们抢占学校的报告厅……

是故事，却没有结尾。转眼到了六月初，高考前紧张而又焦灼的气氛弥漫在炎热的初夏。经过精心准备的最后一节课，是我送给学生的人生礼物。我一题一题地提醒着我的学生，告诉他们成语解题的"慢三步"，病句解题的"慢四步"，诗歌鉴赏题的"四看三答"，还有默写，还有语用，还有文学阅读。我和他们一起背诵七言十二句的写作歌诀，最后，让他们带上三颗写作的"救命丹"。班上很静，静得如同黑夜即将过去、太阳即将升起的黎明。下课时间到了，我让所有的学生站起来，发给每个学生一页纸，上面写着俄罗斯"白银时代"天才诗人巴尔蒙特的诗《为了看到阳光，我来到世上》。这是我最喜爱的诗句，也是我的学生最喜爱的诗句。我起了头示意一下，年轻而又响亮的声音响了起来，冲出教室，回荡在校园："我来到这个世界，为的是看太阳，和蔚蓝色的原野。我来到这个世界，为的是看太阳，和连绵的群山……"天亮了，我们一起上路。

课堂是叙说生命故事的地方

语文是"教师与学生的故事"，这句话更是一个语文教育的隐喻，表达了我的教育哲学。在年复一年的节奏性重复中，我开始理解自己的课堂。课堂是师生相处的天地，是共同演绎故事的地方。表面上，课堂是讲台、桌椅、四面墙；本质上，凡有师生的地方就有课堂，是师生独特的生命构建了课堂。课堂是神奇的。它只有四十五分钟，只能容纳五十几个学生，学的是永远学不完的听说读写好文章。

起立，坐下，读书——但是，课上着上着，思维之球开始传递，心灵之泉开始流淌，师生的思想飞翔起来，情感燃烧起来，课堂里弥漫着清亮的光芒，有一种升华、超越的气氛。于是，课堂变得无限大，时间变得无限长，课堂获得巨大的能量和容量，成为学生终生难忘的青春记忆。课堂是有限的又是无限的，是物质化的又是被构建生成的。它起于常规基础的学习内容，而终于情感、思想、心灵的高处和远处。课堂又是独特的，属于经验和叙事。走进课堂，扑面而来的是一种现场的情境感。情境感是迷人的，让人跃入当下，沉醉于眼前。情境有巨大的推力，前面的情境丰富当下的情境，推动后面的情境，指向未来和远方，如潮水阵阵涌向江岸，心潮逐浪高。我和学生互为对方的镜像，推动着情境又被情境推动，越到后面越丰富、越立体，获得心灵的解放和心智的发展。每节课都是不同的，有不同的表情。它永远是具体的，是不可分割的整体，既有独特的魂魄，又有丰满的血肉，大处分明，小处细腻，灵肉合一，让人销魂。

课堂本质上是经验的、个性化的，有自己的规则、节奏和主题，不是多读几本书、多了解一些理论就能走进课堂的。带着过多的强势理论，你无法走进教学现场和教学情境。许多课堂里，没有教师与学生的故事，只有教科书的故事，只有试卷的故事，只有黑板与答案的故事。教师在现场却又逃离了现场，学生在现场却又缺席。要让课堂成为师生说故事的地方，教师不能有过多的理论预设，要把各种教学理论放在门外，保持一个人在生活中的丰富性，张开自己的感官和心胸，运用自己的经验、敏感和技能，把生命投入课堂。教师有了发现故事、叙述故事的才与情，方能走进课堂。

我们言说着故事，也在故事中确认自己。课堂的经验性、叙事性反映了教师的生存方式和职业特点。教师的专业化技能主要是通过长期的实践、观察、反思等经验方式积累而成的（这也是各类研讨活动中教师爱听课而不爱听讲座的原因），只有坚守在课堂里，才能获得课堂的经验、课堂的感觉和课堂的思维。一个教师只要真正把学生的发展放在心上，当作自己的终极关怀和追求，在长期的实践中就会自然形成一种课堂敏感性，形成一种职业习惯，就能够妥善处理课堂与教学。

语文是一门"手艺"

说到底，语文是一门"手艺"，有一种辛劳寂寞中磨砺出来的灵巧和扎实。那笔端正流畅的板书，那中气十足的朗读，那作文本上红笔的勾画圈点，那备课本里抄录的各种资料，还有课堂上内容的取舍、多少的把握、难易的处理，还有教学中顺序的安排、时机的预判、分寸的拿捏，还有长期读写积累起来的才识和书卷气……正因为有了这些，才有了教师与学生故事的舞台、道具、背景和氛围，才使得教与学的故事有了语文的气息。有时，我总打量着眼前的青年教师，心里暗暗问自己：他们能受得了这份辛苦和寂寞吗？他们还有对"手艺"的虔诚和敬畏吗？语文是"手艺"，心手相连，传递着温暖的体温。伸出你的"手"，给学生面批一次作文，给学生开个书单送几本书，给学生发一条鼓励的短信，给学生解答一个课外读书的困惑，鼓励他们组织语文活动……大手牵着小手，放手让他们往前走。别忘了，语文是"手"的艺术，心手相连，才有动人的故事啊！现在的学校有了豪华的大楼，有了现代化的技术，在规模效益提高的同时，教师个体的教学能力却出现了滑坡。时常看到，有的教师上课又是耳麦又是PPT，教室里回响的是播音员般标准而夸张的声音和教师被扩音机放大的不真实的声音，我总不免担心：这门"手艺"还守得住吗？

我们生活在技术化、管理化的时代，如何操纵技术而不被技术操纵，是维护自我人性的一个重要命题。而有没有故事，是人性、个性是否健康、是否完整的外显。

　　课堂是理想与现实的交织，如一朵莲花，生长于泥土之中，花瓣和花苞却伸向天空。理想让课堂向前向上，现实又让课堂向后向下，这热与冷的交汇，形成了矛盾与张力，使故事跌宕起伏。许多课我并不满意，常常是兴致盎然而去，沮丧失望而归。我们总有一种内在冲动，热衷于寻找高效快捷的方法和路径，总想三步并作两步，甚至一步到位，直奔结果，一劳永逸，不知不觉忽略了语文课堂的长期性、曲折性和艰苦性。再高明的方法，再先进的理念，一旦进入课堂都不免软弱和苍白，因为它背后有更为庞大复杂的隐秘结构，制约着我们和课堂。听讲座，看论文，我们时常陶醉在浪漫的幻觉之中，陶醉在轻而易举的盲目之中，轻慢日常教学的世俗性，忽略了常规教学的沉重与苦涩。其实，世俗气息是语文课堂真实的另一面，教室、办公室、食堂、图书馆，备课、作业、考试、讲评，晨会、班会、晚自修，补课，开学、毕业……不合理而又合理地联系在一起，浮现出日常教学辛苦、琐碎的图景。可这些辛苦、琐碎的"天大的小事"才是语文课堂最真实的存在啊！是不是有点像农夫种庄稼，天天下地耕作，脚踩着坚实的土地，头顶着现实的烈日，挥洒着生命的汗水，播种、浇水、施肥，等待秋天的收获时节？不必讳言失败和沮丧，我们就是从课堂中摔打磨炼出来的。课堂铸造了我们合金钢般的思维品质和性格。失败的课堂，往往从另一个方面更加有效地丰富、深化了我们对课堂的认识，让我们有清醒的头脑和冷峻的目光：一堂课的容量是有限的，必须顾及多数学生的基础，饭要一口一口吃，语文要一步一步来，有时不免走走停停，退一步进两步……课堂，语文课堂，只有"故事"，少有或者根本没有"大戏"。

常常在自以为抓住语文的时候，语文却从我们身边悄然溜走了。错误在于我们用片面的、一成不变的眼光看待它，错误在于我们过于理性主义的偏执，错误在于我们灵魂深处急功近利欲念的膨胀。思想是脆弱的，而从经验中磨砺出来的信念才有力量，因为那是教师与学生的故事，融入了情感、审美和生命。

课堂是自由而又合作的对话

把语文看成教师与学生的故事，就意味着我们推倒了教室的四面墙。我们的课堂是学生生活的现场，是学生成长的现场，语文呈现出丰满、全面、独特的魅力和价值。阅览室读书是学语文，戏剧演出是学语文，听名家讲座是学语文，参加征文比赛是学语文，当小记者采访校园新闻是学语文，师生合作编辑语文小报和文学社社刊是学语文，甚至晨会、班会等也可以看成是学语文……而要让教师与学生之间有故事，关键是要深刻理解教师与学生的生存状态和相互关系。

在我心中，《论语》中《子路、曾皙、冉有、公西华侍坐》章，是我们本土最经典的对话文本，反映了我们民族真实的对话形态，也映照出教师与学生的生存状态和相互关系。围绕治国安邦的人生抱负，孔子与弟子们进行对话。有神态，有反应，情境感十足。和而不同，不同而和，众语喧哗，而非垄断的独白。我常想，这个文本依据西方对话理论，大概到

"夫子喟然叹曰：'吾与点也'"，也许就应该结束了。但在中国的教育语境中，不仅要有过程还要有结论，不仅要有启发还要有讲解，不仅要有个性还要有共性，不仅要重人道还要重师道。为什么我们的课堂对话教学出现普遍失误？因为我们把对话局限在课堂教室之中，仅仅当作提问多少次、互动多少次等局部的教学手段，而忽略了它本质上是师生交往中自主而又合作的共生状态。这种关系其实就是前人所说的"师友"，亦师亦友，即师即友，师友之间，其乐融融。学校犹水也，师生犹鱼也，其行动犹游泳也。大鱼前导，小鱼尾随，是从游也。

传统教育理论有一个重视"学"字的传统，民间教育智慧更把"学"放在首位和核心，以学定教，以学研教，以勤奋读书的历史故事简化高深复杂的教学关系，其中包含着深刻的现代教育的自觉。孟子说："君子深造之以道，欲其自得之也。自得之，则居之安；居之安，则资之深；资之深，则取之左右逢其原。"伽利略更进一步阐发了主动学习无可替代的唯一性："你不能教会一个人什么，唯一能做的是帮助他自己去发现。"（You cannot teach a man anything; you can only help him to find it within himself.）主动构建、自我生成是当今教育的显学，也符合我们的课堂观察和体验：凡动人的故事，就是知识、情感、价值生长的故事。学生乐学，教师乐教，教学相长，皆成故事。有了这样师生对话的大关系、大结构，就可以不拘泥于课堂中的一招一式，不斤斤计较讲多讲少等技术末节，从机械教条中解放出来，建立基于学的语文课堂，让学生动起来、跳起来、笑起来，出现生动活泼的画面：

语文优秀的学生是你教学班的领头羊，促进全体同学进步；同学精彩的发言是你最有价值的课堂学本，把集体讨论引向课堂的高境界；学生的优秀作文是你作文教学的素材，传递给大家写作的激情和动力；读书笔记中有丰富的内容，营造了群体读书生活的氛围；而那些进步不大的学生则提醒你注重差异和个性，面向全体，打破局限……这一切让我们感受到课堂的活力和魅力，完成师生关系上的沉重转身，提高教学的针对性、有效性和丰富性，让每个学生都有成长的故事，也让对话这类洋理论融入中国教师与中国学生的故事。

印度哲学大师克里希那穆提说，生命不仅仅是一份职业，它还是一个伟大的谜。我觉得这话没有说完，后面还应该接着说："谜不是赤裸裸的，它藏在隐喻、映衬、重复之中，藏在相遇、融合、宿命之中，藏在追求、坎坷、坚守之中……一句话，藏在教师和学生的故事之中。"我们叙述着师生的故事，也被师生的故事叙述，获得生命的充实感和幸福感！

躬耕教育，我愿在一线教到八十五岁

黄玉峰

《民国小学生这样写作文》中有两篇文章引起了我的注意，其中一篇《读〈兰亭集序〉书后》中提道："晋之东也，莫不谓五胡逼之也。然渡江以后，固已据一隅之安矣，而未闻有图恢复之志者，清谈误之也。"在多数人看来，《兰亭集序》写得很优美，而一位民国的小朋友从中发现了不一样的问题——"清谈误之也"，批判了空谈误国的态度。另一篇《选举论》则对选举制度进行了深入探讨，提出选举应该公平、公正。

这两篇文章展示了民国小学生扎实的知识储备和独立思考能力。为什么他们能有这样的根底？陈寅恪曾说过，读书必先识字，民国的教育是从识字开始的。识字不是简单地认识字词，而是要"训诂"，清楚知道每个字的来历、释义等。相比之下，如今的教育方法，过于注重分析、考试和揣摩出题者的意图，而忽略了对学生阅读能力和文化素养的培养。

汉字之美，直指人的内生与外化

鲁迅先生说过，汉字有"三美"：意美、音美、形美。意美以感心，音美以感耳，形美以感目。在此，我想以四个汉字为例，探讨其内蕴之美。

一是"人"字。"人"字的形状传递了怎样的信息？首先它代表劳动，一个好的社会应该给人提供劳动的机会；其次，应有敬畏感。如《说文解字》中写道："人，天地之性最贵者也。"

二是"介"字。《说文解字》解释为"画也，人各有界"。这个字的结构描述了人们各守其界，人的权利神圣不可侵犯。一个字等于一部《人权宣言》。

三是"常"字。清代段玉裁《说文解字注》写："常，为下裳也。从巾，尚声。从巾者取其方幅也，引申为经常字。《释名》曰：上曰衣，下曰裳。裳，障也，以自障蔽也。""常"以巾为边，尚为声，有遮羞蔽体的意思，还引申为纲常、五常、异常等意思。

四是"静"字。很多人误以为"静"就是没有声音，但实际上，这并不是它的本意。"静"字左边是"青"，代表青春美好和超越提升之意；右边是"争"字，两个手在争夺一个权杖。因此，"静"就是超越竞争。正如老子所说："夫唯不争，故天下莫能与之争。"宁静以致远，内心平静，不功利，才能走得远。不争，自然没有声音，就安静。安静是不争的引申义。

汉字之美，美在内蕴，扎根于中国传统，直指人的内生与外化。回归本质，回归传统的以人为本的教育，需要我们从中国经典中溯源，寻求启发。

经典之所以成为经典，自然有其伟大的地方。《论语》第一篇第一章说："学而时习之，不亦说乎？有朋自远方来，不亦乐乎？人不知而不愠，不亦君子乎？"短短三句话，在我看来，包含了人生教育的六根支柱：学习力、实践力、创新力、亲和力、反省力和幸福力。

"学"指的是"学习力"，学习力对人生的意义何等重要，一个善于学习的人，才能面对将来的任何挑战。"习"指的是实践力，知的目的是行，所谓知行合一。只是学而不付诸实践，学得再多，也等于没学。"时习之"的"时"，指的是创造力，时代在变化，必须与时偕行，不断创造，不断前进，不能顽固不化、迂腐守旧。

孔子十分注重交友，人的成功必须靠多人的参与，"独学而无友，则孤陋而寡闻"。所以，子曰："有朋自远方来，不亦乐乎？"这就是一种亲和力。"人不知而不愠"，是反省力，从某种意义上说，有无反省力是一个人素质的集中表现。事有不得，反求诸己，无论古代还是今天，只有不断反省自我，才会不断进步。

最后，"悦，乐，君子"，代表的是幸福力。学习的初心、培养的目标，归根到底就是要具备这些能力。人生幸福是一切行为的终极目的。而"幸福"需要有享受"幸福"的素质和能力。

联合国教科文组织提出教育的目标是培养四种能力：学会学习，学会做事，学会合作，学会做人。我们的祖先在两千多年前就已经系统地提出了更全面、更具体的教育目标。

人生教育：养成独立、善良、智慧、美丽的君子

2008 年，我在复旦大学的报告《"人"是怎么不见的》中总结了束缚学生的五条"绳索"：功利主义、专制主义、训练主义、科学主义和技术主义。

当刷题成为一种风潮，学生挣扎在无边无际的题海当中，学习变成一种不情愿的负担和不快乐的事情，导致学无所得，学无所乐。

借纪伯伦的一句话："我们已经走得太远，以至于忘记了为什么而出发。"我们为何出发？教育的目的是什么？教育的初心到底是什么？康德说，"人就是目的"；孔子说，"古之学者为己，今之学者为人""行有余力，则以学文"。《中庸》中说，"天命之谓性，率性之谓道，修道之谓教"，指出教育的目的是张扬个性。这和怀特海的观点不谋而合，他认为："孩子是有血有肉的人，教育的目的是激发和引导他们的自我发展之路。"正如联合国教科文组织提出的，教育的最终目的是培养自由的人和创造思维，最大限度地挖掘每个人的潜力。

教育的另一个目的是培养幸福的人。如亚里士多德所言：幸福，是人的终极目的。如前所说，快乐与幸福需要一种能力和素质，教育说到底就是为了培养获得幸福与快乐的能力与

素质。

三十多年前，我在复旦大学附属中学进行一系列改革，首先提出"追寻真善美"，举办多场以"追寻真善美"为主题的讲座和活动，邀请了包括复旦大学、上海交通大学、华东师范大学、上海师范大学等高校的教授，甚至还有北京大学教授钱理群先生等知名学者前来授课。我还将上海交通大学人文学院教授夏中义编的"大学人文读本"印出来，供学生阅读。

我鼓励学生广泛阅读。办名为《读书做人》《读读读》《读书信息》的杂志。在大量阅读的基础上，鼓励学生写论文。

我年届七十时，学校安排我到上海复旦五浦汇实验学校（以下简称"五浦汇"）担任校长。虽然我从未做过校长，但我毫不犹豫地接受了这一重任。

在五浦汇，我首次提出"人生教育"的理念，简言之，就是不但要关心孩子的今天，更要为他的明天负责；不但要关心他的成绩，更要关心他的德、智、体、美、劳的和谐发展，赋予他们作为未来人才必备的素养，赋予他们享受幸福的能力和素养。

我将"人生教育"写在五浦汇的旗帜上，包含六大要素：终身幸福、彰显个性、守礼修身、作育公民、博雅励志、智慧应试。

"你给我一个翩翩少年，我还你一个谦谦君子"是我们的口号。我们就是要把孩子们培养成能感受幸福、守礼修身、个性完善、博学多识、独立、善良、智慧、美丽的君子，从而幸福终身，而不是只会考试、升学、赚钱、做官的机器。

我将"独立、善良、智慧、美丽"写进校训。独立，是培养学生独立地学习、独立地生活、独立地思考的能力，拥有独立的人格，活出自我，不依附他人，不人云亦云，同时也尊重他人的独立人格；善良就是厚道，"己所不欲，勿施于人"，内心世界充满怜悯、同情、和气、仁爱、宽容，多一点爱，少一点恨，吃得起亏；智慧，不是小聪明，而是踏踏实实，站得高，看得远，看得真，智慧的背后是"善良"；"美丽"同样重要，它应是由内而外的，包括身体的健康、精神的抖擞、心态的平和。

诗教、礼教、乐教、科教、家教，育当代君子

我曾在《治校方略赋》中提出"一本""二翼""三和""五教"，即以"人生教育与君子养成"为本；以"人文精神、科学精神"为两翼；以"家庭、学校、社会"为三和；以"诗教、礼教、乐教、科教、家教"为五教。

我尤为重视诗教，学校被评为全国"诗教校园"。在五浦汇，我们积累了两万多首诗，基本上都是格律诗，虽不是很工整，但几乎每个人都能写。

当然，诗教不仅仅是写诗，而是让我们诗意地栖居在大地上。《诗经》有三百余首，当你"摇头摆尾"朗诵时，诗中的情感自然会投射到内心世界，这种感情反射或是爱国、爱父母、爱朋友，或是爱大地、爱草木，它不是讲大道理，而是潜移默化，改变你的精神气质，让你不知不觉崇高起来。

此外，诗教还渗透到各个学科的教学中，老师们将诗歌搬

进自己的课堂，用诗歌激发学生学习的兴趣。在五浦汇，诗教是全民教育，也是跨学科的教育。

我个人也非常重视积累，提倡老师在课堂上尽可能少讲。同样一篇文章，一节课能教完，不要用两节课，剩下的时间让学生自己去记忆、理解、应用、分析、评价、创造，即循序渐进地习得，让教学方法重点由接受性学习转移为研究性学习。

礼教是对君子的第一重规范。没有规矩不成方圆，我们用各种规范让礼教落地，外化为行动与礼仪。例如，五浦汇的每个人都要学会尊重，尊重长辈、老师，尊重学术，尊重自然，尊重规则。学生称呼老师为"先生"，体现对师长的尊崇。我每天早上风雨无阻，在门口笑迎学生的到来，向他们鞠躬。虽然我叫不出所有学生的名字，但我希望这个小小的善意举动、我的笑容能为他们一天的学习开启好心情。

要让教育合上生命的节拍，还必须有乐。乐教不仅仅是指音乐课程，还包括体育运动、茶道、篆刻、书法等课程，我们曾演出《纽约少年》《我是一条狗》《他在等什么》《狐狸们嗨起来》……总之，要让学生身心愉悦，获得快乐。我们还要求每位同学至少会一种乐器，至少有一次机会上台表演短剧。

"所谓科教，取理求真。华夏传统，本有此意，探索自然，孜孜忘身……社会进步，有赖于斯。钻研竞争，开拓创新。"科教是"两翼"中的重要组成部分，为此我们开展了许多科学方面的研究。五浦汇有一个"格园"，取自"格物致知"，为此，我写了《格园赋》。"非旧无以守，非新无以进"，"格园"引进科学前沿信息，通过开展各类科技类活动和课程，培养学生务实求真的科学精神。

家教是指教家长，学校成立"父范学堂"，定期对家长开展岗位培训。鲁迅曾说"有师范，但是没有父范"，"父范学堂"的灵感便来源于此，其成立旨在提升家长对教育的理解，创造学校与家长沟通的平台，这也是学校的重要工作之一。

做了教师，就应该为教育做点事！

教师的素养包括学识、人文关怀、人格魅力、批判精神，其中最为重要的是批判精神。我曾经写过一本书，名为《我只想站得直一点》，我不想"跪着"教书。

我非常欣赏苏东坡"自爱铿然曳杖声"这句话。在被评为教师育人楷模候选人时，我说我愿在一线教到八十岁，现在还有两年就到八十岁了。

2010 年，我去拜访过周有光先生，有一件小事令我印象深刻，也让我见识了什么是真正的君子之风。那天结束拜访后，我想跟他合影，他满口答应，说"等等"，他回到自己的房间，等他出来时已经换了一副眼镜和一身衣服，问我："黄老师，好不好看？"我当时很感动，106 岁的老人还这么讲究，这才是真正的君子风范、贵族气质、绅士精神。那天，我们聊了很多，有句话我至今都记得，他说："我们要站在世界看中国，不要站在中国看世界。"

我永远记住胡适先生在《人权论集》中引的一个故事和说的一段话："昔有鹦鹉飞集陀山。山中大火，鹦鹉遥见，入水濡羽，飞而洒之。天神言：'尔虽有志意，何足云也？'对曰：'尝侨居是山，不忍见耳。'天神嘉感，即为灭火。"这是佛经中的一则美丽寓言，叫《鹦鹉救火》。它昭示了一种担当精神，即虽千万人吾往矣，知其不可为而为之。做教师，也要有这样的担当精神和人生勇气。

做了教师，就应该为教育做点事！如今，我又有了新的希望，希望在一线教到八十五岁，躬耕教育，我愿一直坚守在一线。

"思深深扎根于到场生活"——我的学思路历程与转向

李庆明

　　我做了三十八年的教师，二十年的中小学校长，不知不觉就到了六十岁退休的年龄，两个月之前退休。六十岁生日的那一天，我写了一首七律《六十抒怀》，最后一联是"可叹刁顽犹未改，已成白发杖乡人"。

四十三年如一梦

　　我的职业生涯，从下乡插队算起，加上大学（也算工龄）的几年，有四十三年。

　　"文化大革命"十年，我从幼儿园读到高中；"文化大革命"结束，我成为"文化大革命"后1977级首批正规大学生。从此，我就截断少儿时代唱歌跳舞的兴致，浸淫书海，成为一个十足的"书痴"。我涉猎广泛，用志不专，枝蔓横生，属于典型的"野狐禅"，却野心勃勃，梦想有朝一日成为纯粹的学者。

我大学读的是中文系，但喜欢的领域却很杂。读中文系之初，便潜心研读黎锦熙、陈望道、杨树达、高名凯、吕叔湘……后因机缘，慢慢地心意他移，由语言文学转文史哲，尤其是美学、哲学，一发而不可收拾。我觉得最关键的是，这期间的阅读积累对于我后来的教育探研影响巨大而绵长。

从 1989 年开始，我的人生发生一次转变，哲学家李泽厚的"人类学历史本体论"哲学、以胡塞尔为代表的现象学哲学，尤其是儿童教育家李吉林及其情境教育，让我从纯思辨的迷梦中惊醒！李吉林是我们南通师范第二附属小学的语文老师，也是中国著名的儿童教育家。她的课堂几乎摧毁了我的教育学知识。

于是，在继续书斋读书写作的同时，我重点研读马克思、胡塞尔、海德格尔等人的现象学哲学，同时转身一线，追随并协助李吉林开展情境教育实验，积累了鲜活的经验。这种经验充满诗情和生命力，也丰润了完全不同于以往纯思辨的那种"思"。从 1999 年开始，我在参与国家课程改革设计、国家级职业教育教师和校长培训基地指导的同时，走进"在水一方"的崇明岛，全面投身于一线的新型基础教育试验。这二十年的时间，我受李老师影响，受现象学及中国文化影响，开始摸索建立田园教育。

反思自己的几十年历程，就是做了几件事。先说第一件事"唱了一首歌"，即我们的田园教育探索。为什么要做田园教育？我的思考是："田园转向"是走向后现代、后工业文明的人类价值新取向。田园教育以培育返璞归真、自然发展的"文化人"为目的，最大限度地利用现代文明成果，创造性地继承中外优秀教育文化传统，全力打造全面自由发展的文化人格。也就是说，田园教育包含了对现代化谨慎的接受，同时也给予合理的质疑，赋予超越它的理想。

再说第二件事"鞠了一个躬"，即我们的公民养成实验。在探索公民养成教育的过程中，我发现从古典到现代，公民的概念在不断发生变化，我们吸取共和主义、自由主义、社群主义等学说的合理内容，根据社会主义教育的时代需要，进行了扬弃与整合，推进基于共生理想的公民养成"新五爱"教育。

我提出的"新五爱"，包括爱自己、爱亲人、爱大家、爱祖国、爱人类。每方面都有丰富的内涵，并有一系列的方案、标准和细则。从培养个体的独立人格起，到学会尊重别人、尊重规则、参与公益活动，再到关注公共事务、认同不同文化、爱好世界和平、向往人类的幸福，都做了积极的探索，取得很好的效果。

再说第三件事"铺了一条路"，即我们的全域课程开发。"课程"一词在拉丁文的本义是"道路"，课程开发的本质，在我看来就是铺筑一条通往师生精神家园的路。

我曾经参与起草了新课改文件，所以对新课改是不陌生的。回应国际上课程开发校本化、情境化的趋势，我们努力把知识、社会、生活、儿童几大课程开发的维度进行协调，来构建我们的全域化课程，它分为四大领域：

第一个领域是学科文化课程。主要聚焦知识，旨在打造以小见大的课堂世界，注重课堂学科课程的校本开发，打造激活和焕发学生生命潜能与力量的"活力课堂"。

第二个领域是阅读文化课程。主要聚焦拓展知识，旨在开创书香弥漫的典雅生活。我们以"文化阅读"理念为引领，开展学科阅读、主题阅读、经典系列阅读、中外作家系列阅读等。

第三个领域是主题文化课程。聚焦综合的社会生活，旨在引领孩子穿越生活的灌木丛林。以主题环境、主题阅读、主题教学和主题活动等板块统合课程资源，促进围绕主题多层次、多途径、多领域地开展综合性的教育活动，把道德、知识、技能、技术，包括现在十分流行的"STEM""STEAM"或"STREAM"等课程加以融合。

第四个领域是学院文化课程。聚焦儿童，尤其是儿童的个性，旨在营建灵性飞扬的英才摇篮。设立少儿人文学院、理工学院、艺术学院、体育学院、外语学院，开展社团活动，实行分类管理，既满足兴趣，又瞄准一流。

最后说第四件事"耕了一方地"，即我们的教师文化共同体建设。"文化"在拉丁语中的一个重要含义就是"耕耘"。我觉得老师应该通过他在职场的耕耘成为一个"文化人"或"文化型"的教师。教师队伍建设应着意"文化型教师"的田野式、情境式、耕耘式培育，打造教师文化共同体。我们的具体做法是举办文化讲坛、文化沙龙、电影观看等活动，最终助力教师的人文成长。

六十而惑

我不能说自己是一个成功的教育者或校长，但也留下许多挥之不去的疑惑与沉思。

第一个疑惑：教育传统文化与现代化能否融合？当下的中国，以急迫而紧张的心态走向现代，走向世界，走向未来，却面临空前的现代与传统的纠结、冲突甚至悖论。国学热、读经热和极端现代化热都令教育深陷无法自洽的尴尬境地。

文化（包括教育文化）与科学技术、经济等不同，具有更强烈的保守（守成）、传承、怀旧取向，因此，寻求将传统文化价值和现代性的有机结合，实现"传统的创造性转换"，不仅必要，而且可能。我认为，传统文化的"轴心时代"是最重要的参照，它的文化传统与精神，孕育了古典的现代性，是最重要的参照。爱德华·希尔斯和列奥·施特劳斯的两句话是值得思索的。希尔斯说："传统还继续存在，这倒不是因为它们是仍未破除的习惯和迷信的外部表现，而是因为大多数人天生就需要它们，缺少了它们便不能生存下去。"施特劳斯则说："当人类走到现代性的尽头，实际上也就必然回到'古代人'在一开始就面临的问题。"

第二个迷惑：素质教育与精英启蒙是否格格不入？素质教育日益成为共识，有的人至少表面认同，尽管他们内心里还是汲汲于应试教育。其实，如果素质教育都应试化了，我们的教育还有未来吗？我担心的是我们恰恰在走这种路！我在宁波北仑接受的"面试"中，曾用"你死我活"来回应区委书记提出的"你如何看待素质教育和应试教育"之问，就表达过与应试教育势不两立的立场。

当然，我不太愿意提"素质教育"这个概念，因为它的内涵不清，我更愿意用"博雅教育"来取代它，因为博雅教育是最有生命力、历史最悠久的教育理念。古希腊倡导的"自由七艺"、中国先秦以来倡导的"六艺"都是博雅教育，旨在培养具有学识广博、气质优雅、人格整全的文化人。所以我们可以在博雅教育的语境里推进新型的素质教育。但我要问的是：素质教育或博雅教育与精英教育或英才教育是不可调和的吗？英美日欧精英教育历史悠久，中国古代也有"得天下英才而育之"的观念和历史。素质教育和英才教育完全应该找到一个动态的结合点。素质教育源于人性的完整性，精英教育源于人性的差异性，如威廉·亨利在《为精英主义辩护》里所说的那样："我们中间有的人比其他人更出色，也就是说，更聪明，更勤奋，更博学，更能干，更难以取代……因而更值得学习……"这就是我们做精英教育或叫因材启蒙的根基。所以我们可以旗帜鲜明地在推进素质教育或者博雅教育的同时，推进精英系统。我在宁波滨海教育集团提出的办学理念就是"博雅教育""精英启蒙""国际取向"。

第三个疑惑：观念（文化）、技术和制度孰重孰轻？观念、文化（尤其是哲学）对学校教育具有根本引领性的作用，自然十分重要；技术作为人类"延伸的机体"，在人与天、人与人、人与社会等之间的关联中产生强大的"中介"作用，自然也十分重要。但是，当下的教育也深陷观念爆炸、文化泛滥、技术迷信、模式喧嚣……

在我看来，制度是学校进退沉浮的一只"看不见的手"，没有好的制度保障，再先进的观念和技术也会让变革"通往地狱之路"（哈耶克）。近二十年来，我做了最不像校长的校长，并且尝试了很多制度创新，尤其是到宁波滨海教育集团后，提出了"三权分享"制度，行政、学术、工会并立，这是权力分享的学校制度。我想通过制度变革谋求学校突破，但又频频遭遇"滑铁卢"，也因此常发出"狮犸但忧独角废，神猱应觉齐天难""庶民俯首尊师道，祭酒南面论国情""独立何妨多困厄，齐喑犹有未央歌"等慨叹。所以，我想把洛布罗的话送给大家，他说："出自费里埃尔或克拉雷德的'新学校'，或者处在弗雷内的'现代学校'……这类运动，的确创造了一些有益的'技术'，其中也含有对权威关系的指控。然而，在'新学校'和'现代学校'，同样缺乏制度这一维所瞄准的目标，就不是明白地要在班级里建立新制度。"洛布罗是制度教育学缔造者，强调要"在班级里建立新制度"，这说明，单有技术还不够，还需要好的制度，制度实在太重要了！

第四个疑惑：教育探索要形而上学，还是现象学？我这两年主要致力于批评、超越形而上学，做现象学的研习。当下的教育变革日益彰显"理论自觉"，但思辨也成为时尚，许多学院派的专家现在来到中小学里去搞科研，也颇表现出一副思辨的、形而上的姿态，好像我们的老师都是些嗷嗷待哺的婴儿，需要听一听他们的高深理论。这是一个值得警惕的现象。我不赞同那些搞纯思辨研究的人来颐指气使地指导我们的一线教师，除非他们是来向教师学习和重建自己的理论话语体系的。

"道可道，非常道。"我们需要一种回归"常道"或"常识"的致思立场、策略和理论。这种理论是需要信念支撑的"热情而动人的冥想"（毕达哥拉斯）；是通过艰辛劳作和创造而"打开了的关于人的本质力量的书，是感性地摆在我们面前的人的心理学"（马克思）；是可能"愈富有诗意，就愈是真实"（诺瓦利斯）；或诗与思紧密相邻，"它们源自并且达于存在的真理"（海德格尔）；是"感觉通过自己的实践直接变成了理论家"（马克思）的那种"本质直观"。

我的归路是不归路

我六十周岁时专门写了一首长诗《归路》，其中有这么一段：

你的归路在哪里
在漫山遍野的花丛里
在布满荆棘的寂寥小径
在望不到边际的平原
在荒漠，在悬崖峭壁
你的归路，是一条不归路

我曾在《教师八喻》一文中以八种动物表达对教师的角色期待：泰戈尔笔下的"知更鸟"象征神圣信念；王小波笔下的"特立独行的猪"象征文人品格；传说中的"海上智叟""海

豚"象征创新精神；能歌善舞的"云雀"象征艺术素养；阿基洛科斯笔下的"狐狸"与"刺猬"象征学识积累；古希腊、古罗马智慧女神身边的"猫头鹰"象征思想气质；《圣经》"你去察看蚂蚁的动作，就可得智慧"里提到的"蚂蚁"象征田野智慧。

教育事业是很美的，但也是很难的、很慢的。因此，我们不能停止知更鸟的鸣叫，不能放弃猪的特立独行，不能折断了猫头鹰的羽翼，不能削弱狐狸和刺猬的精专博览，不能停滞云雀的美妙歌吟，尤其不能歇下蚂蚁耕耘的脚步。

我们或许会像孔子当年那样，如丧家之犬踽踽独行，漂泊四野，甚至不被悦纳，寂寞一生，一无所有，但我们对儿童的爱，仍如"死一般坚强"（《圣经·雅歌》），我们对教育的赤诚，比生更加柔弱缠绵。

近四十年的教师生涯经常让我想到海明威的《老人与海》。读过《老人与海》的人都知道，风烛残年的老渔夫圣地亚哥最后什么也没得到。一连八十四天没钓到一条鱼，不屈不挠，终于在第八十五天钓到一条巨大的、重达一千五百磅的马林鱼。大鱼拖着他的船游向大海，经过两天两夜的鏖战，他终于杀死了大鱼，把它拴在船边，拉回海岸。但许多鲨鱼却蜂拥而来抢夺他的战利品。老人动用简单粗陋的"武器"将它们一一杀死，但大鱼还是被鲨鱼吃光，老人拖回的是一副鱼骨架。他只能躺在床上，从梦中去寻回那往日美好的岁月，以忘却残酷的现实。

在我看来，这是希腊式的英雄悲剧。圣地亚哥是真正的硬汉！在与鲨鱼、失败、虚无无休止的搏斗中，彰显人类灵魂的坚韧、勇毅、尊严和优雅。连续八十四天没有捕到鱼，老人是一无所有的失败者；连续几天进行搏斗，拖上岸的却是一副鱼骨架，老人是一无所获的胜利者。这两者其实没有什么不同。他的命运就如同船上那面"用好多面粉袋子补过的旧帆，看上去就像一面永远失败的旗帜"。空无是不变的宿命，胜败其实互为因果，他是失败的英雄，胜利的失败者，但他一如尼采笔下的那个"超人"，泰然自若地接受空无，却永不放弃追寻和抗争！

最后，我想告诉大家，我的演讲题目"思深深扎根于到场的生活"，就来自现象学大师海德格尔的一段话：

> 这种哲学思索可不是隐士对尘世的逃遁，它属于类似农夫劳作的自然过程。当农家少年将沉重的雪橇拖上山坡，扶稳撬把，堆上高高的山毛榉，沿危险的斜坡运回坡下的家里；当牧人恍无所思，漫步缓行赶着他的牛群上山；当农夫在自己的棚屋里将数不清的盖屋顶用的木板整理就绪：这类情景和我的工作是一样的。思深深扎根于到场的生活，二者亲密无间。

我的演讲完毕，谢谢大家！

在更大的人生坐标上讲述自己的故事

—

成尚荣

人生好比坐标，迟飞的鸟在夕阳中飞行，在向往的状态和心绪中，自然追求着更大的发展坐标。不确定的起点串联的曲线，慷慨地指向时间与空间的架构，透析现在与未来。

在丰富的"心视角"下，在思想的轮子的转动中，在这扇门到那扇门之间，让人生坐标向教育、向生活、向世界敞开。从心里流淌出真实且自然的诗意，在更大的坐标上梳理人生完整的静脉，沿着斜坡，向上起飞。

发展状态认知：在"尚可"中回归

我对"尚荣"的解读是"尚可"，其含义是：要处在"尚可"的认知中，再争取从"尚可"走向"尚荣"的理想状态，这是一种自我暗示和要求。"尚可""尚荣"架构起我的人生坐标。这也许是冥冥之中生活与我的约定以及对我的承诺。

我是一只起飞很迟的鸟，不敢说"傍晚起飞的猫头鹰"，也不愿说"夕阳无限好，只是近黄昏"。只是走了这么久，才知现在才是开始。我领悟：年龄不是问题，人生坐标上的那个起点，其实并不确定，也并非固定的某一个，而是一个个起点串联起的一条发展的曲线。因而，人生是一首回旋曲，人总是要回到童年这一人生根据地去。童年的憧憬和想象有种潜在的力量，在回旋中建构自己的历史，建构自己的坐标，总得为自己鸣唱一曲。

而人的发展既可以规划又不能规划，最好的发展是让自己"非连续发展"。德国教育人类学家博尔诺夫说，人是可以塑造的，但塑造的观点即连续性教育理论并不完整，应当做重要调整和修正，而非连续性教育对人的发展具有根本意义。我以为，非连续性教育可以迁移到人的非连续性发展上。所谓非连续性发展，即淡化目的、淡化规划，这是非功利的、非刻意的。如果功利、浮躁、刻意，会产生"目的性颤抖"。人的发展应自然一点，"随意"一点，对学生的教育亦应如此，最好能让学生跳出教育的设计，也让名师的发展跳开其中。只有"尚可"，才会在不满足感中再向前跨一点。

更大的发展坐标：把一切献给现在

人生的坐标，实则是发展的格局，坐标要大，即格局要大。大格局不外于他人，而内在于人的心灵。

胸怀天下的大格局，是由时间与空间架构而成的坐标。用博尔诺夫的观点来看，空间常常有方向：垂直方向、水平方向和点。垂直方向引导我们向上，向天空，向光明；水平方向引导我们向前；点则引导我们建立立足点。无论向上、向前，还是选择一个立足点，都需要努力和付出。而时间则是人类发展的空间，其引导人应当有明天性。明天性，即未来性，亦即向上性和向前性。因而，实践与空间构筑了人生的坐标，这样的坐标便是大坐标。

在更大的坐标中，需要处理好现实与未来的关系。我欣赏这样的表述：对未来的慷慨，是把所有的一切都献给现在。其意不难理解：不做好现在，何谈未来？因此，想要在更大的坐标上讲述故事，则要从现在开始，只有着力讲好今天的故事，才有明天的故事。

坐标上的原点：追寻和追赶

这实质上是我的一次回望，回望自己人生发展的大概图景，回望自己的坐标。但回望不是目的，找到那个点才最重要。寻找坐标上的原点，它是核心，是源泉，是出发点，也是回归点。找到原点，才能架构人生发展的坐标，才会有真故事可讲。

原点在何处？它在对人生意义的追寻中。我一直坚信这样的哲学判断：人是意义的创造者，但也可以是意义的破坏者。我当然要做意义的创造者，问题是何为意义。我认定的意义是人生的价值，既是个人存在和发展的价值，也是对他人、对教育、对社会产生的一点影响。

意义有不同的深度，价值也有不同的高度，但人生没有统一的深度和高度，也没有统一的进度和速度，全在于自己努力。而所谓的努力，于我而言即两个字：追赶。追赶不仅是态度，它本身就是一种意义。

我追赶青春的步伐。有了青春的步伐、青春的心态，才会有青春的书写。我追赶童心。我曾不止一次地引用作家陈祖芬的话：人总是要长大的，但眼睛不要长大；人总是要变老的，但心不要变老。不长大的眼是童眼，不老的心是童心。童心可以超越年龄，只要有童心，就会有童年，就会有创造。我自以为自己有颗不老的童心，喜欢和孩子聊天，喜欢和年轻人对话，喜欢看绘本，喜欢想象，喜欢天上云彩的千变万化……追赶童心，让我有时激动不已。我不追求时尚，但不反对时尚，而且关注时尚。同时，我更关注时代的潮流。

所有的追赶，都是在寻觅人生的意义。人生坐标，当是意义坐标。意义坐标，让我不至于太落后，让我这只迟飞的鸟在晚霞中飞翔，至于它落在哪个枝头，都无所谓。迟飞，并不意味着飞不高、飞不远，只要是有意义的飞翔，都是自己世界中的高度和速度。

以更丰富的"心视角"打开坐标

在更大的坐标上讲述故事，是一个反思、梳理、提升的过程，学者称之为"重撰"中的深加工。如果做一些概括，至少有三点体会。其一，心里有个视角，即"心视角"。心视角，用心去观察问题、分析问题。心视角有多大，坐标就可能有多大；心视角有多高，坐标就可能有多高。于是，我对自己的要求是，对任何观点、任何现象的分析和认识看高不看低，往深处本质上看，往立意和价值上看。其二，脑子里有个思想的轮子。人的全部尊严在于思想，思想让人站立起来，让人动起来、活起来。思想从何而来？来自哲学，来自文学，来自经典著作。当然，实践出真知，思想好比轮子，推着行动走。倘若文章里没有思想，写得再华丽都不是好文章。我常常努力让思想的轮子转动起来，发展坐标也是用思想充实起来、支撑起来的。其三，从这扇门到那扇门，打开一片新的天地。读书时，我常有种想象，并把这种阅读称作"猜想性阅读"。这样的阅读会丰富，甚至改变自己原有的认知框架。写作则是从这扇门到那扇门，由此及彼，由表及里，由浅及深，是新的门窗的洞开。

更宽广的视野，更丰富的心视角，必然让坐标向教育、向生活、向世界打开。打开的坐标才可能是更大的坐标。我对专业的理解，不囿于学科，也不囿于课程，而要在人的问题上，在文化的问题上，在教育改革、发展的一些大问题上有些深度的阐释和建构，把教育的关注点和研究点标在坐标上。

"立起身来"，讲好自己的故事

不管讲述的故事有多大，其中一个重要的主题便是"做个好人"。我对好人的定义是：心地善良，有社会良知，谦虚，和气，平等对人，与人为善，多站在对方的位置上想想。我的主要表现是：学会"让"。让，不是软弱，而是不必计较，不在小问题上计较，不在个人问题上计较。

所谓好人，说到底是做个有道德的人。通过参与德育课程标准的研讨、参与道德与法治教材的审查、参与学生发展核心素养的论证，我最大的体会是：道德是照亮人生之路的光源，人生发展坐标首先是道德坐标。我信奉林肯的论述："能力将你带上峰顶，德行将让你永驻那里。"我尚未登上峰顶，但是道德将成为一种攀登的力量和永驻的力量。我也信奉，智慧首先是道德，一如亚里士多德所言，智慧就是那些对人类有益的或有害的事采取行动的、真实的、伴随着理性的能力状态。

而要打开坐标，也离不开思维方式和打开方式。我运用较多的是"赏诠法"。所谓赏，是肯定、认同、赞赏。质疑、批评、批判，是认识问题和指导别人的方式，而肯定、认同、赞赏同样可以达此效用，因为肯定、认同、赞赏，让别人不仅增强了自信，而且知道哪些是认识深刻、把握准确、表达清晰的，需要保持并将其放大，争取做得更好。

对别人的指导应如此，对自己的学习和研究也应这样。这样的态度是打开的，坐标也是打开的。打开坐标，研究才会有新视野和新格局。打开，固然可以深入，但真心的深入应是这样一句话："根索水而入土，叶追日而上天。"我对自己的要求是：向上飞扬，向下沉潜。要向上，还要向下，首先是"立起身来"。原来，所有的坐标里，都应有个人，而这个人是站立起来的，这样的坐标才是更大的坐标。

在坐标上讲述故事，需要工具，不只是一种工具，而要有一个工具箱。对工具的使用与创造已成为现代人的核心素养，我的工具箱里便有不少工具。一是书籍。正如博尔赫斯所说，书籍是人类创造的伟大工具。书籍这一工具，让我的心灵有了一次又一次腾飞的机会。二是艺术。艺术是哲学的工具，凭借艺术这一工具，我走向哲学的阅读和思考。三是课程。从目的与手段的关系看，课程是手段，是工具。课程这一透镜，透析、透射出许多深刻的意蕴。四是教科书。我作为审查委员，对教材进行审查时，不是审查教材本身，而是去发现教材深处的人——教材是不是为人服务的。工具箱，提供了操作的工具，而工具的使用以及使用中生成的想象，常常帮助我去编织和讲述故事。

故事提供了一个可供分享的世界。不过，我的目的不只在与世界分享，更为重要的是，通过故事让时间人格化，让自己的时间人格化。讲述故事，是对过去的回忆，而回忆时，则在梳理自己的感受，梳理自己人格完善的经脉。相信故事，相信时间，相信自己的人生坐标。我会继续丰富自己的人生坐标，在更大的坐标上，讲述自己的故事。

为人生而审美，存在、超越、安放

后　记

选择站在人这一边，向美向善
—

陈　忠

帕斯卡尔说："人只不过是一根苇草，是自然界最脆弱的东西；但他是一根能思想的苇草。"叔本华却说："世界上最大的监狱，是人的思维意识。"我想，这正代表人的两种可能：一种奔赴精神的超越，一种投靠"思维的茧房"。当我们有思想的愿望，却无思辨能力，那些被禁锢的头脑便不能"翻越高墙"，行为也终将倒于荒诞，所以人类始终需要以"高贵的背叛"将自己解放。而教育的事业，则是带领学生突破"思维的牢笼"，通本源之道，行审辨之知，明普遍之理，立未来之基。

教师站立讲台之上，其余的一切尾随其后，教师们种的是什么，社会收的就是什么。教师馈赠知性远重于馈赠衣食，教育是一份"有光的志业"。致敬教师，致敬美好教育的方式，是在我们自身站立之处，持续地做些出来，把"尊师重教"刻在流程里，以此致敬身在一线，魂在校园，负着人的形象一起上升的教师！

2023 年 10 月，我们在上海长宁区闹市中心落成了第二家"在之间"教师人文公共空间。这个对天下教师免费开放的"第三空间"，将世界一流大学"光与真理"的校训拓版置于空间；书架上近 6000 册图书，或是教育行动记事的结晶，或是大先生们的精思灼见；一方书桌，一片闲情，延展着可以感知的柔和气息、生命共相。在这丰富的宁静，与单纯的静穆里，交融汇聚成为可辨识的人文精神意义家园。教师成长的捷径还是阅读一流好书，与人类曾经有过的最好的心灵交谈，让我们被悄然带至世间万象本质宽阔的近旁，这学识的溪流、文化的琼浆、精神的食粮，涵养教师的气质，显现教育人最美的文化人格与精神长相。

教育"在之间"，既不是价值空悬的迷执，也不是沉沦俗世日常，而是有趋向精神内倾的自治与超越，又有精神外倾地在自身创造中走向世界，走进人。在这里，天下的教师们互相遇见，以独立主体的精神与思辨，在能量谐振的交互主体中，调剂滋养，沉淀内在性，砥砺教育共识话语，生发成教育同道人共同体这个教育的"善托邦"，描画未来教育的生态样貌——边界开放，连接互助，群岛般的家校社群一体联动。

十年间，我们《優教育》在各地主办、协办了 300 多场教育思想力沙龙，借由抽象的思想，赋予具体的见解，传递教育的美善，用自己的教育哲学，紧密连接生活、克服时代，思索存在，在真实、自由、公正、人性尊严、文化记忆、文明融通一体关联的行走中触摸未来。

延续行知先生济世情怀的主线，"人民贫，非教育莫与富之；人民愚，非教育莫与智之"，立于尘埃，散发亮光，有目标、用方法、去行动，致力于能够做到的微小改良。曾经开办六年的伊顿学园，是场"不合乎时宜"的草根教育实验，是以培养"知行的乡村建设人"为宗旨的乡村教育"种子站"。故事田儿童哲学项目，帮助乡村儿童在阅读、角色扮演中，体悟自立、尊重、平等、合作、规则等共同教育价值，至今，已经推向4500多所偏乡村小。

雅斯贝尔斯曾就他所面临的时代处境表达过如下愿望："当明智的企业家、政治家能发挥其教育家的本性，聚集其精神力量和教育天赋来行动、来投入，我们才有可能依靠下一代来复兴教育。"教育的宗旨是"立德树人"，优秀的企业在于"企者立人"。回溯中国百年企业史，我看见在张謇、卢作孚这些企业家兼教育家身上，存在着一种"道高于术"的逻辑，而良知企业更是具备一种价值思考的能力。我看见"人师"是健全社会的摆渡人，他们以教育创造价值，把生命托举于尘俗之上，融汇到社会变革之中。我也看见了无数卓越校长的思想领导力：如何把教育常识转变为社会共识？怎样推动历史进程并创造美善的未来？此刻，我难免再次想起蔡元培百年前的告喻："要有良好的社会，必先有良好的个人，要有良好的个人，就要先有良好的教育。"

伊顿是一所学校，在我陪伴苏美达伊顿纪德"这所学校"的成长过程中，努力向卓越学校汲取养分，确立"学院式人文主义"原则的指导地位，并努力思辨自身：在做什么？这样做的理由和意义是什么？在"文以载道"的另一翼，我们"衣以载道"，以校园服饰美育为触点，从小切口想大问题；循着美的阶梯拾级而上。我们在众多学校开展《美的第一课》，从美的形体到美的衣饰，在青少年心中播下美的种子。礼形于外，美由心生，默会通感，从揣摩美的共相，到积淀生命成长中美的基因，再到连接美善的行为，指向知识之美、思维之美、精神之美广阔的领域……这一领悟得自《会饮篇》中美的阶梯喻说。

在理想与现实之间，是付诸专业且布满荆棘道路上的磨炼，其验证不在于逻辑而在于结果。每天，我们面对大小的课题和项目，有质量的执行离不开"出设想、给企划、订罗盘、拟提案"。我们会就某个重要专题开展"同课异构"；我们会面对企业真实情景中的"项目化学习"，评价反馈总是来得迅速而直接；在公司大难题上，近一年时间，我们进行了多达十余次研讨分析专题会，分工执行点方案涉及五十多事项……在个体与环境、人物、事件无数次的交互触碰、综合统效中，我们看到一个人心智模式和核心素养淬炼提升的契机，往往在最有复杂挑战度的时刻。在可辨识的意义家园中，组织就像进化了的生命，成为自我激励、自我修复的自适应协同体，在经年累月中一米接一米、一个里程碑至一个里程碑地长期生长。

企业的发展既有文化的承续，还有独特的使命，又不存在完美的答案。变满足约束条件下的努力为改变约束问题本身。我们要看见教育家精神与企业家精神的共通处，警觉现实主义的表面务实操劳以及教育实践中理念与效用分离的方便思维。过度的现实主义，不假思考地顺应社会需求从而让渡教育的"本真世界"，最终遮蔽教师的荣耀。这也让我更加理解了陶行知先生"六大解放"思想的现实关照：解放学生的头脑、双手、眼睛、嘴巴、空间、时间，指向活泼泼的生命教育，创造性地回归人本身的价值。这一解放是向精神本质的回归，是做他的使命所要求的事情。

百年大变局，历史急加速。在接踵而至的时代事件中，我隐约嗅出空中飘来淡淡的硫磺味道，也依稀听见人类哽塞咽喉的喘息。身处裂痕丛生的世界，遭逢时代躁郁的精神现状，我们切身体悟到善的脆弱性、文明的脆弱性。漂泊的时代，去哪里寻找确定性的岛屿？

但教育形成了"崇善"的观念，教育的力量始终处于与灾难的竞赛之中。严重的时刻，更加需要建立确认美善价值的共同基础，不能将善恶观念看作过时，不能对公义良知含糊其词。如何让自我观念的磨砺能促进教育实践？如何将组织发展自觉置于理性之光的烛照中？这是我们正在做出的回答。

对教育目标的认知，源于对未来的洞见。观念一旦修正，现实会向着良善的秩序迈进。人间常会有迷路的事情，因此，构建得宜的头脑，勇于运用自己的理性，才不会迷失。我们需要重寻价值的泉源，返本开新于文化传统的创造性转化，思接千载、静水流深。千教万教，千学万学，无非是生活在真实中，无非是以科学精神面向真问题。我们要始终保持诘疑与问难的态度。陶行知先生曾拜谒苏格拉底的囚穴前题句——"欢喜说真话，假人都烦恼。"这是美的辨析，是通过美育对禁锢的摆脱和对世界重负与丑陋的克服；这也是趋于悲悯与善的思考，是对深不可测的人性的敬畏。时代可以成为我的背景，但不能决定我的命运。在世界的阵痛与痉挛中，选择站在人这一边。在暴风雨的深夜，感受到灯塔的微光，在过去与未来之链中活出属于自己的黄金时刻，它们如种子一般随风播撒，一旦扎根，便生长于原野的尽头。

附　录

作者简介

景凯旋

中国古代文学博士，东欧文学学者，南京大学荣休教授。著有《唐代文学考论》《在经验与超验之间》《再见那闪耀的群星：唐诗二十家》等，译有《为了告别的聚会》《生活在别处》《我快乐的早晨》《地下：东欧萨米亚特随笔》等。

程平源

20世纪80年代写诗人，哲学博士，社会学博士后，加州大学洛杉矶分校访问学者，致力于关注"人在文化中的处境"。著述有《中国人的神——支配我们日常生活的逻辑》《儒家政治的起源——权力的九种形态》《今生——士人的一生》《金字塔社会——解析中国发展模式》《美国是一个神话——在美华人生存样态访谈录》《一国之民的塑造——中国儿童教养模式研究》等，曾出版《中国教育问题调查》《教育，我们身边的故事》等。

傅国涌

历史学者，近现代教育研究者，母语教育实践家。著有《百年寻梦》《追寻失去的传统》《美的相遇》《新学记：中国现代教育起源八讲》等，编有《过去的小学》《过去的中学》《寻找语文之美》《与世界对话》系列书籍与课程、《少年日知录》系列等。

罗　建

中文教师、文化学者、南京六朝博物馆讲者。

夏中义

上海交通大学人文学院教授、大学人文课程创建者。著有《朱光潜美学十辨》《王国维：世纪苦魂》《王元化襟怀解读》《九谒先哲书》《新潮学案》《学案·学统·学风》《学人本色》《艺术链》等。

徐　敏

南京晓庄学院文学教授，南京师范大学文艺学博士，复旦中文系博士后，主持教育部项目"中日陶行知研究比较"。

李雪涛

德国国家科学院院士，德国波恩大学文学硕士、哲学博士。主要从事全球史、中外关系史、德国哲学史以及中国佛教史的研究。现任北京外国语大学历史学院院长、全球史研究院院长、东亚文化交涉学会会长（2017—2018年）以及中国中外关系史学会副会长（2017年至今）。主持翻译《雅斯贝尔斯著作集》（37卷），有《雅斯贝尔斯与中国：论哲学的世界史建构》等多种专著出版，主编《全球史》《亚洲与世界》《东亚文化交涉学刊》（英文）等刊物。

储朝晖

中国教育科学研究院研究员，中国地方教育史志研究会副会长。曾任中国陶行知研究会副秘书长，《国家中长期教育改革和发展规划纲要》总体战略、体制改革、学前教育等专题组成员。代表作有《中国大学精神的历史与省思》《中国教育六十年纪事与启思》《以人为本的教育转型》《中国现代教育社团发展史论》《集成人学教育论》等，另著有《多维陶行知》《叶企孙画传》《陶行知画传》《回归常识做教育》等。

资中筠

国际政治及美国研究专家、翻译家，中国社会科学院荣誉学部委员、美国研究所原所长。著有《追根溯源：战后美国对华政策的缘起与发展（1945—1950）》《20世纪的美国》《资中筠集》《有琴一张》等。

刘锋杰

苏州大学文学院教授、博士生导师，著有《蜕变与回归》、《中国现代六大批评家》、《文学象征论》（合著）、《想象张爱玲》、《张爱玲的意象世界》、《文学政治学的创构》、《生命之敞亮——王国维人间词话之诗学属性论》、《文学政治学十形态论》等。

刘铁芳

教育部长江学者特聘教授，博士生导师，湖南师范大学教育科学学院院长，哲学博士。著有《追寻生命的整全：个体成人的教育哲学阐释》《以教学打开生命：个体成人的教学哲学阐释》《守望教育》等。

陈　忠

苏美达伊顿纪德品牌创始人、董事长，《優教育》杂志主编。

刘晓东

教育学博士，华东师范大学教育学部教授，博士生导师。著有《发现伟大儿童：从童年哲学到儿童主义》《儿童精神现象学》《解放儿童》《评儿童读经》《教育自然法的寻求》等。

薛 贵

北京师范大学认知神经科学与学习国家重点实验室教授，IDG-麦戈文脑研究所研究员，长江学者特聘教授，"北脑学者"。

毛亚庆

北京师范大学教授，博士生导师，中国教育部-联合国儿童基金会"社会情感学习"项目执行办公室主任，北师大校长领导力研究中心主任。著有《社会情感学习与学校管理改进》《社会情感学习指导手册》《社会情感学习教学用书》《社会情感学习培训手册》。

李政涛

中国教育学会副会长，教育部中学校长培训中心主任，教育部人文社会科学重点研究基地华东师范大学基础教育改革与发展研究所所长。著有《教育与永恒》《重建教师的精神宇宙》《活在课堂里》《倾听着的教育》等。

倪闽景

全国政协委员、上海科技馆馆长、民进上海市副主委、民进中央委员，上海市《科学与技术》主编、牛津《自然》教材主编。著有《学习的进化》《超越兴趣》等。

刘云杉

北京大学教育学院教授，博士生导师。著有《学校生活社会学》《从启蒙者到专业人——中国现代化进程中的教师角色演变》等。

张 华

杭州师范大学教育科学研究院院长、博士生导师；教育部义务教育课程标准修订指导组成员、教育部普通高中课程标准修订综合组成员；美国富布赖特学者（Fulbright Scholar）。兼任教育部基础教育课程教材专家工作委员会执行委员、国际课程研究促进协会荣誉主席。著有《课程与教学论》《让学生创造着长大》等。

易晓明

南京师范大学教授，博士生导师。中华美学学会美育学术委员会副主任，中国高教学会美育学术委员会常务理事，江苏省学校美育教学指导委员会委员，国际艺术教育协会(InSEA)会员。著有《国民审美素养：社会转型时期的审美资本》等。

朱永新

中国陶行知研究会会长，苏州大学新教育研究院教授。

刘　莘

四川大学哲学与教育学教授，曾任四川大学哲学系主任、四川大学发展研究中心主任、英国牛津大学访问学者、美国耶鲁大学富布莱特研究学者、成都市政府督学；被《中国教育报》评为2023年"推动读书十大人物"。

彭凯平

中国积极心理学发起人，清华大学心理与认知科学系教授、心理学系首任主任，清华大学社会科学学院原院长，国际积极心理联合会（IPPA）以及国际积极教育联盟（IPEN）中国理事，中国国际积极心理学大会执行主席。著有《吾心可鉴　澎湃的福流》《孩子的品格》《活出心花怒放的人生》等。

李旻原

上海戏剧学院副教授、法国里昂第二大学文学暨艺术博士、中国戏剧家协会会员、上海少年儿童图书馆智库专家。导演过三十多部作品，学术研究领域为戏剧学、表演艺术、戏剧教育。

陈文艳

扬州市梅岭小学原校长，中学高级教师，全国优秀教育工作者。

张延银

半书房联合发起人，浙江省苍南县第一实验小学原校长，现任职温州市未来教育新样态研究中心，系温州市名校长、浙江省教改先锋校长，被《中国教育报》评为 2022 年度"全国推动读书十大人物"。

夏　昆

成都市新都一中语文教师，畅销书作家。著有《在唐诗中孤独漫步》《率性教书》《教室里的电影院》《温和地走进宋词的凉夜》《中国最美的语文》等十余部著作，其诗词解读作品两度被收入台湾中学语文教材，在全国各地举办讲座数百场，并应邀前往埃及和欧洲为当地华人做中国古诗词讲座。2016 年受邀参加央视首届"中国诗词大会"，获得擂主称号。

曹勇军

江苏省语文特级教师，江苏省首批正高级教师。兼任江苏省中学语文专业委员会副理事长，南京市中学语文专业委员会理事长，南京师范大学硕士研究生导师，美国佛罗里达大学教育学院访问学者。著有《语文，我和你的故事》《曹勇军和他的语文理想国》《中美写作教学十五讲》等，与傅丹灵教授合作主编"美国中学写作教学译丛"一套 5 册。近年来，致力于读书课程的建设和推广，被《中国教育报》评为 2017 年度"全国推动读书十大人物"。

黄玉峰

复旦五浦汇实验学校校长，复旦附中语文特级教师。

李庆明

新教育研究院副院长，江苏情境教育研究所副所长。曾任中央教育科学研究所深圳南山附属学校校长、宁波滨海教育集团总校长、《教育研究与评论》执行主编。

成尚荣

江苏省教科院研究员，教育部基础教育课程改革指导组专家、中小学教材审查专家，明远教育书院学术委员会委员，香港中文大学（深圳）当代教育研究所高级研究员。著有《成尚荣教育文丛》《儿童立场》《年轻的品格：教师的精神气象》等。

图书在版编目（CIP）数据

教育，在之间 /《優教育》编. — 上海：上海教育出
版社，2024.4（2024.7重印）
ISBN 978-7-5720-2582-2

Ⅰ.①教… Ⅱ.①優… Ⅲ.①教育－文集 Ⅳ.①G4-53

中国国家版本馆CIP数据核字(2024)第072678号

策划编辑　刘美文
责任编辑　马丽娟
封面设计　TiTi studio

教育，在之间
《優教育》　编

————————————————————————

出版发行　上海教育出版社有限公司
官　　网　www.seph.com.cn
地　　址　上海市闵行区号景路159弄C座
邮　　编　201101
印　　刷　上海昌鑫龙印务有限公司
开　　本　890×1240　1/32　印张 10
字　　数　200 千字
版　　次　2024年6月第1版
印　　次　2024年7月第2次印刷
书　　号　ISBN 978-7-5720-2582-2/G·2276
定　　价　56.00 元

————————————————————————

如发现质量问题，读者可向本社调换　电话：021-64373213